A FUGA DOS NAZISTAS JUSTIÇA

A FUGA DOS NAZISTAS JUSTIÇA

COMO OS SEGUIDORES DE HITLER TENTARAM DESAPARECER SEM DEIXAR RASTROS

RICHARD DARGIE
E JULIAN FLANDERS

The Nazi's Flight from Justice

Os direitos desta edição pertencem à
Editora Pé da Letra
Rua Coimbra, 255 - Jd. Colibri - Cotia, SP, Brasil
Tel.(11) 3733-0404
vendas@editorapedaletra.com.br / www.editorapedaletra.com.br

Esse livro foi elaborado e produzido pelo

Sr. ARANDA ESTÚDIO
(11) 93020-0036

Tradução e Coordenação Fabiano Flaminio
Autores Richard Dargie e Julian Flanders
Diagramação Adriana Oshiro
Revisão Larissa Bernardi

Impresso no Brasil, 2022

Imagens: Getty Images©, exceto da p.155 (Alamy Stock Photo©).

Dados Internacionais de Catalogação na Publicação (CIP)
Câmara Brasileira do Livro, SP, Brasil

Angélica Ilacqua - CRB-8/7057

Dargie, Richard
A fuga dos nazistas da justiça : como os seguidores de Hitler tentaram desaparecer sem deixar rastros / Richard Dargie e Julian Flanders ; tradução de Fabiano Flaminio. – 1. ed. – Cotia, SP : Pé da Letra, 2022.
256 p. : il.; 16 x 23 cm

Bibliografia
ISBN: 978-65-5888-558-0
Título original: The Nazi's Flight from Justice

1. Alemanha - História – 1933-1945 2. Nazistas – Fuga 3. Nazistas – História
4. Criminosos de guerra I. Título II. Flanders, Julian III. Flaminio, Fabiano

22-1736 CDD 943.086

Índices para catálogo sistemático:
1. Nazistas

CONTEÚDO

INTRODUÇÃO

O NOME Adolf Hitler é sinônimo de um dos conflitos mais mortais e destrutivos da história, que ceifou a vida de mais de 50 milhões de pessoas, incluindo um número estimado de seis milhões de judeus assassinados através de genocídio sistemático. Pouco se sabe, com certeza, o que levou o filho de Klara e Alois Hitler, nascido em 20 de abril de 1889, um sábado de Páscoa tedioso e cinzento, a se transformar em um dos ditadores mais tirânicos e assassinos do mundo, mas não há dúvida de que a Segunda Guerra Mundial foi a guerra de Hitler.

Os planos de Hitler de estabelecer um Terceiro Reich ariano de mil anos foram postos em ação logo após sua nomeação como chanceler da Alemanha pelo Presidente Hindenburg, em 30 de janeiro de 1933. Rapidamente consolidando o poder, ele se nomeou Führer (líder supremo) em 1934, e o caminho para a guerra tornou-se claro. O rearmamento começou em meados dos anos 30, antes do envio de suas tropas à Áustria, em 1938 e à Tchecoslováquia, no ano seguinte. Em agosto de 1939, Hitler e Joseph Stalin assinaram o Pacto de Não-Agressão Germano-Soviético, e em 1º de setembro a Alemanha invadiu a Polônia do Ocidente com a ajuda soviética do Oriente. Dois dias mais tarde, a Grã-Bretanha e a França declararam guerra à Alemanha.

Naturalmente, Hitler não agiu sozinho. Ele havia tomado o poder por meios diplomáticos, e suas opiniões geraram enorme e genuíno apoio não só entre a poderosa classe de oficiais alemães, mas também entre milhões de cidadãos comuns que votaram no Partido Nazista. Ao unir os fios do pensamento de direita já presentes na Alemanha, Hitler aumentou irresistivelmente sua popularidade. Para muitos historiadores, a chave de seu sucesso foi seu carisma, melhor ilustrado pelo poder inspirador de seus discursos que, muitas vezes, deixavam sua audiência enfeitiçada. Segundo a testemunha ocular Konrad Heiden, "seus discursos são devaneios desta alma de massa... Os discursos sempre começam com um profundo pessimismo e terminam em uma redenção exultante, um final feliz triunfante; muitas vezes, podem ser refutados pela razão, mas seguem a lógica mais poderosa do subconsciente, que nenhuma refutação pode tocar... Hitler deu discurso ao terror da massa moderna sem palavras...

Esta é uma opinião confirmada por Sir Nevile Henderson, embaixador britânico em Berlim nos anos 30, que disse: "Hitler devia seu sucesso na luta pelo poder ao fato de que ele era o reflexo da mente subconsciente deles [de seus partidários], e sua capacidade de expressar em palavras o que essa mente subconsciente sentia que queria".

Através destes discursos, Hitler vendeu uma mensagem simples ao público alemão, oferecendo a redenção nacional e a promessa de uma nova Alemanha com ele como seu líder supremo. Em troca, ele exigiu que todos os cidadãos servissem ao Estado. A democracia e os direitos individuais seriam sacrificados para o bem da nação. A dissidência não seria tolerada. Após a Grande Depressão - a crise econômica mundial que se seguiu à queda de Wall Street, em 1929 - a economia alemã mergulhou na recessão, minando ainda mais o governo. A fé do povo no capitalismo e na democracia estava evaporando. O sonho de Hitler de uma Nova Ordem - colocar a Alemanha em primeiro lugar, com forte liderança e um fim aos males econômicos - rapidamente se tornou o sonho do povo. Eles se uniram ao Partido Nazista, à Juventude Hitleriana, à Liga das Meninas Alemãs e a outras organizações que compunham a nova *Volksgemeinschaft* (comunidade nacional). Desta forma, a mensagem nazista estabeleceu raízes profundas através de todos os níveis da sociedade.

Naturalmente, a propaganda desempenhou um papel importante neste contexto. Para o historiador Karl Bracher, o sucesso da ideologia nazista só pode ser realmente compreendido através de seu uso da mídia e da cultura. Ele aponta para o uso de técnicas modernas de formação de opinião para criar um "fenômeno psicológico verdadeiramente religioso" que o tornou tão poderoso.

Quando os combates pararam, no início de maio de 1945, foi como se as luzes tivessem se apagado, como se o nacional-socialismo - um movimento político que atraiu um apoio mais amplo do que qualquer outro na Alemanha, e que inspirou seis anos de guerra em todo o mundo - tivesse desaparecido. Como se acordasse de um pesadelo, a população alemã, exausta pela violência e aliviada pelo fim da guerra, reagiu como se Hitler e os nazistas já pertencessem a um passado distante. Uniformes foram descartados, retratos de Hitler foram derrubados e destruídos. Como o historiador Richard Bessel colocou em seu livro *Germany 1945: From War to Peace*, "Vindo sobre o choque da violência extrema durante os meses anteriores, o grotesco e sangrento fim do Terceiro Reich minou completamente sua legitimidade e apoio popular ao nazismo".

No rescaldo de qualquer guerra, há mais perguntas do que respostas. *A fuga dos nazistas da justiça* examina essas questões que surgiram em 1945. Como o filho de um oficial austríaco da alfândega de Braunau am Inn se tornou o autoproclamado salvador da Alemanha, deu origem a um partido político que, em seu auge, ostentava pelo menos oito milhões de membros e liderou um exército de 18 milhões de soldados em uma guerra pelo domínio mundial? Como este homem, descrito como "um recipiente vazio" pelo historiador Ian Kershaw, teve um impacto histórico tão imenso? Como ele persuadiu cidadãos comuns a perpetrar crimes de guerra sistemáticos, massacres, estupros em massa, pilhagens, trabalhos forçados e prisioneiros de guerra e a matança genocida de judeus europeus, muitos dos quais morreram nos 44.000 campos nazistas? O livro também examina o que aconteceu com os nazistas que sobreviveram à guerra, particularmente, os muitos milhares implicados em crimes de guerra. Quem deveria ser considerado responsável? Onde se poderia encontrar justiça? Como as punições foram feitas para se adequar aos crimes? Para onde foram todos os nazistas?

Com o fim da Segunda Guerra Mundial, há mais de 75 anos, quaisquer nazistas que permaneçam nas listas de procurados estão na casa dos 90 anos. O livro termina examinando os julgamentos mais significativos do pós-guerra, à medida que a Alemanha se aproxima rapidamente do momento em que não haverá mais indivíduos para processar pelos crimes do Holocausto.

CAPÍTULO 1

O INÍCIO E O FIM DO REGIME

Culpado de alta traição por sua parte no planejamento de derrubar a República de Weimar pela revolução, em novembro de 1923, Adolf Hitler, líder do Partido Nacional Socialista dos Trabalhadores Alemães - abreviadamente nazista - foi mandado para a prisão por cinco anos. Na noite de 8 de novembro, as tropas nazistas tentaram tomar vários edifícios do governo, enquanto Hitler fazia um discurso em cima de uma mesa no Bürgerbräukeller de Munique, para uma multidão de cerca de 3.000 pessoas, anunciando uma revolução nacional e a formação de um novo governo. Apesar de sua plateia bagunceira e geralmente apoiadora, o plano fracassou devido à falta de organização e a noite terminou em caos.

No dia seguinte, determinados a manter a dignidade, os golpistas marcharam pelo centro da cidade em direção ao edifício do ministério da guerra. No caminho, eles foram detidos por um cordão policial. Seguiu-se uma feroz batalha armada, deixando 18 mortos e outros, incluindo Hermann Göring, feridos. Hitler foi preso e acusado de traição. Embora o Putsch da Cervejaria, como ficou conhecido, tenha sido um fracasso por não ter havido um levante generalizado, a publicidade que o acompanhou significou que o partido deu um grande salto adiante. O julgamento que se seguiu criou manchetes sensacionalistas e conquistou muito apoio para o novo partido. Hitler até impressionou os juízes do julgamento, que proferiram uma sentença muito indulgente por um crime tão grave.

Neste caso, Hitler cumpriu apenas 13 meses no relativo luxo da prisão de Landsberg, perto de Munique. Ele foi autorizado a passear em seus terrenos, receber visitas regulares e fazer uso de sua extensa biblioteca. Mais tarde, ele descreveu seu tempo lá como "educação gratuita às custas do Estado". Além de ler, seu gerente de negócios sugeriu que ele utilizasse o tempo para produzir uma autobiografia. Por falta de confiança em sua escrita, Hitler só concordou quando ofereceram os serviços de um escritor fantasma, um trabalho assumido por seu amigo e companheiro de partido, Rudolf Hess, que também estava preso por ter participado do golpe. O livro resultante, *Mein Kampf* ("Minha Luta"), delineou seu manifesto político.

Desenvolvendo temas do Programa de Vinte e Cinco Pontos do partido para a reconstrução do país, publicado em 1920, que enfatizava a importância da abolição do Tratado de Versalhes, a nacionalização de grandes empresas e indústrias, o fortalecimento do governo central, a pureza da raça alemã e generosas pensões de velhice, *Mein Kampf* é de difícil leitura. Ao contrário dos discursos pelos quais Hitler já havia conquistado reputação, o texto era enfadonho, repetitivo e difícil de entender. No entanto, ele expunha as principais crenças que ele tinha para o Partido Nazista: uma crença no nacional-socialismo que incluía a importância da pureza racial e do controle estatal da economia; os arianos como a "raça mestra", superior a todas as outras e, em particular, os judeus e comunistas; a guerra e a luta como parte essencial da vida ariana; o *Lebensraum* ("Espaço Vital") ganhou com a expansão para a

Herói de volta: livre da prisão de Landsberg, em 1924, onde havia estado preso por sua parte no Putsch da Cervejaria, Hitler embarca numa excursão triunfante a Munique.

Rússia e a Polônia e, finalmente, força da lealdade total a seu líder - o Führer. Hitler escreveu: "Uma raça mais forte expulsará os mais fracos, pois o impulso vital em sua forma final derrubará as barreiras absurdas da chamada humanidade dos indivíduos, para dar lugar à humanidade da Natureza, que destrói os fracos para dar seu lugar aos fortes". Era nada menos que a lei da selva.

APUNHALADO PELAS COSTAS

Em 9 de novembro de 1918, com a Alemanha à beira da derrota no final da Primeira Guerra Mundial, Kaiser Wilhelm II, imperador da Alemanha e comandante-chefe das forças armadas alemãs, abdicou sob pressão do presidente americano Woodrow Wilson e fugiu através da fronteira para a Holanda, pondo um fim ao Segundo Reich. Após quatro anos de guerra e milhões de mortos, as tropas e os suprimentos estavam esgotados. Com significativa desilusão e agitação no país, e com a monarquia dissolvida, Berlim foi paralisada por uma greve geral. Havia uma revolução no ar. Chateados demais para negociar os melhores termos de paz possíveis com o Presidente Wilson e os Aliados, os generais Ludendorff e Hindenburg, que haviam conduzido o país durante todo o conflito, entregaram as rédeas do poder aos social-democratas de esquerda, dando-lhes a tarefa de formar uma democracia, o sistema preferido pelos vitoriosos. Em 9 de novembro, uma república foi proclamada.

Na efervescência que se seguiu durante as últimas semanas de 1918 e início de 1919, houve um turbilhão de manifestações políticas extremistas em todo o país, tanto à direita como à esquerda do espectro, em particular pelos Espartacistas comunistas liderados por Rosa Luxemburgo. O movimento foi esmagado em janeiro e, mais tarde naquele mês, as eleições colocaram em prática um governo liberal. Em 7 de maio, no entanto, foi batido o martelo para a "nova" Alemanha quando os termos do Tratado de Versalhes foram publicados. Embora 30 nações estivessem representadas nas discussões da Conferência de Paz de Paris, os termos foram realmente acordados entre a França, a Grã-Bretanha e os EUA. Naturalmente, Clémenceau, Lloyd George e Wilson abordaram as conversações do ponto de vista de seu próprio interesse: Clémenceau queria punir a Alemanha e garantir que ela se tornasse fraca demais para atacar a França novamente; Lloyd George queria punição, mas seguro de que a Alemanha era forte o suficiente para negociar; enquanto Wilson estava interessado em garantir que a Alemanha não fosse destruída e declarou seu objetivo de criar uma Liga das Nações para manter a paz no futuro. No caso, ninguém estava realmente satisfeito com o acordo e os termos eram punitivos: a Alemanha foi convidada a aceitar a culpa por ter começado a guerra, pagou 6,6 bilhões de libras esterlinas em reparações, suas fronteiras foram alteradas e seus territórios ultramarinos foram tomados pela França e pela Grã-Bretanha. Além disso, o exército alemão foi reduzido a apenas 100.000 voluntários, a força aérea foi completamente desmantelada e a marinha reduzida a seis navios de guerra, enquanto a Renânia - a área de fronteira entre a Alemanha e a França - foi desmilitarizada. Além disso, a Alemanha não foi autorizada a aderir à Liga das Nações até que tivesse provado suas intenções pacíficas.

Houve uivos de ultraje de todos os cantos da Alemanha e das outras nações derrotadas e, também, da França, que achou os termos não suficientemente duros, e da Grã-Bretanha, onde alguns consideraram que eles tinham sido muito duros. Entretanto, enfrentando a possibilidade de uma nova invasão Aliada caso não concordasse, o governo alemão assinou o tratado no Palácio de Versalhes, em 28 de junho de 1919. O primeiro trabalho enfrentado pela recém-chamada República de Weimar, após a publicação de sua constituição em julho, foi enfrentar as consequências da derrota militar, uma economia em colapso e uma nação dividida sobre seu futuro, com muitos cidadãos não aceitando nem o tratado de paz nem a própria república.

Um crítico feroz da derrota e dos termos do tratado, um herói de guerra condecorado e nacionalista alemão apaixonado, apesar de cidadão austríaco, era Adolf Hitler, de 30 anos. Zangado e chocado com a rendição alemã no ano anterior, ele acreditava que o exército não havia sido derrotado no campo de batalha, mas sim "apunhalado pelas costas" por líderes civis, por judeus como exploradores da guerra e por esquivos que haviam evitado o serviço na linha de frente, e por marxistas que haviam, então, concordado com os termos de paz intoleráveis. Tendo lutado no próprio conflito, sido ferido duas vezes e condecorado por sua bravura, Hitler decidiu que seu futuro estava na política.

NASCIMENTO DO PARTIDO NAZISTA

Nessa época, Hitler já vivia em Munique, que também era consumida com atividades revolucionárias. A cidade testemunhou uma "república popular" socialista de curta duração (a *Räterepublic*), criada pelos trabalhadores e esmagada em nome do governo paramilitar de direita *Freikorps*, em maio de 1919. Ainda no exército, neste momento empregado como oficial de inteligência, Hitler foi capaz de dar informações sobre os envolvidos na instauração da revolta dos trabalhadores. Sua contribuição foi apreciada, e ele foi nomeado para servir em um comitê para monitorar a cena política em uma cidade descrita pelo historiador Ian Kershaw como "repleta de barricadas, arame farpado e pontos de controle do exército". Em 12 de setembro, como parte de seu trabalho, ele foi enviado a uma reunião do Partido Alemão dos Trabalhadores na *Sterneckerbräu* da cidade, que era uma cervejaria com uma pousada anexa.

O objetivo de Anton Drexler, quando criou o partido no início daquele ano, era estabelecer um partido dos trabalhadores que fosse fortemente nacionalista. Alguns membros abraçaram o ódio pela república recém-estabelecida, jurando destruí-la, enquanto outros exigiam a eliminação dos judeus e o reconhecimento da superioridade ariana. Gostando do que ouviu, Hitler logo se inscreveu no partido de extrema-direita, encantado em conhecer outros que eram antissemitas, anticapitalistas, antimarxistas e nacionalistas.

Drexler ficou imediatamente impressionado com a energia e a atitude de "poder fazer" de seu novo recruta. Como as reuniões do partido atraíram maiores audiências e novos membros, Hitler ficou encarregado de desenvolver os objetivos políticos do partido e seus métodos de propaganda. Em 24 de fevereiro de 1920, ele fez seu discurso mais eficaz no Hofbräuhaus, no centro da cidade, no qual esboçou o manifesto de 25 pontos do partido. Tendo encontrado sua voz, seu público e seu tema, seus discursos começaram a explorar o medo latente, a frustração, o ressentimento e a raiva sentidos por muitos alemães naquele momento. Usando sua própria raiva e o ódio que ele dirigia àqueles que acusava de causar os problemas da Alemanha, seus pontos foram aplaudidos pela multidão rabugenta e bêbada. Sua mensagem não era nova, nem era única para seu partido, mas com suas habilidades em desenvolvimento como orador, ele foi capaz de maximizar o efeito de suas palavras. Dois meses depois, o partido foi renomeado como Partido Nacional Socialista dos Trabalhadores Alemães. As reuniões foram bem frequentadas, rabugentas e propícias a causar problemas porque os discursos de Hitler despertaram paixões nacionalistas. Opositores políticos furiosos tentaram perturbá-los. Para lidar com as questões de segurança resultantes, Hitler formou a *Sturmabteilung* (SA), bandidos de camisa marrom, como proteção. Em um ano, Hitler havia substituído Drexler como líder do partido.

AUTOS E BAIXOS POLÍTICOS

Enquanto isso, a República de Weimar continuava cambaleante. Em 1923, após a nomeação de Gustav Stresemann como chanceler, a Alemanha alcançou uma medida de estabilidade política na forma de uma coalizão de partidos moderados que venceram as eleições de 1924 e 1928. A economia se beneficiou de enormes empréstimos e investimentos dos EUA, e de um acordo para estender o período de reembolso das reparações impostas em Versalhes. Foram criados empregos para reconstruir o país com novas tecnologias, habitação e obras públicas, como estádios esportivos e piscinas; os níveis de produção subiram, assim como as exportações, salários e pagamentos de assistência social. Em 1926, após garantias de que a Alemanha não tentaria mudar suas fronteiras com a França e a Bélgica, ela foi aceita na Liga das Nações. A cultura também passou por um renascimento, particularmente em Berlim, onde escritores, poetas e cineastas floresceram e onde a vida noturna era vibrante.

O renascimento foi frágil e, consequentemente, a democracia nascente também. Embora a coalizão tenha se mantido unida, houve 11 chanceleres na década que se seguiu à guerra, pois os alemães continuavam inseguros se os políticos trabalhavam para o povo ou para si mesmos. O boom econômico funcionou para alguns e não para outros, com indústrias siderúrgicas e químicas, grandes empresas - muitas delas de propriedade dos judeus - e proprietários de terras beneficiando mais do que os camponeses e a classe média. Havia também a possibilidade de que os empréstimos dos EUA pudessem ser cobrados a qualquer momento. Isto levou a um retrocesso entre a população rural contra a percepção do declínio moral na vida cultural de Berlim e de outras cidades. As pessoas também criticaram Stresemann por concordar em aderir à Liga das Nações, considerando que isso significava que a Alemanha aceitava o Tratado de Versalhes. Os problemas continuaram a se agravar.

Os nazistas continuaram sendo um partido minoritário nos primeiros anos da década de 1920, embora Hitler tenha feito pleno uso de suas habilidades como orador e agitador para mexer o pote nacionalista e fazer o máximo "barulho" possível. Suas mensagens eram consistentes e simples: ele prometeu tornar a Alemanha grande novamente após a humilhação da Primeira Guerra Mundial através de uma forte liderança; ele também prometeu empregos, casas, segurança e honra – "trabalho, liberdade e pão."

Durante 1924, com Hitler na prisão, a trapalhada de políticos e partidos de direita na Alemanha se entregou a brigas e argumentos sobre táticas políticas, estratégia e ideologia, chegando ao público como racistas desunidos e extremistas nos limites do espectro político. Os resultados das eleições para o Reichstag, em dezembro daquele ano, ilustraram um enorme declínio no apoio à direita. Isto foi um maná do céu para Hitler. Isso lhe deu uma oportunidade. Além de expor suas crenças em *Mein Kampf*, ele usou seu tempo na prisão para planejar seu caminho ao poder por meios democráticos. Pegando pistas dos outros partidos extremistas, particularmente os comunistas, ele começou a organizar pequenas filiais locais do partido e organizações juvenis de simpatizantes. Ele expandiu a SA, selecionando seus apoiadores mais fanáticos, muitos deles ex-soldados, para se juntar à recém-formada SS (*Schutzstaffel*) e à Juventude Hitleriana. Apesar da expansão de seus membros, os nazistas conquistaram apenas 12 assentos nas eleições de 1928.

Graças às contínuas críticas à república, particularmente às acusações de que ela só ajudava os ricos, a mensagem de Hitler foi cada vez mais eficaz. Ele começou a apontar o caminho a seguir, culpando judeus e comunistas pelos problemas do país e afirmando que, ao contrário do fraco governo republicano, ele estava preparado para tomar as duras decisões necessárias para mudar as coisas. A máquina nazista estava se tornando mais sofisticada, e começou a visar aqueles que não estavam se beneficiando das políticas econômicas da república: camponeses, comerciantes e outros pequenos empresários, e a grande população rural do país (cerca de 35% de seus habitantes), a maioria dos quais se via como alemães racialmente puros, fartos da concorrência dos negócios judeus e ouvindo histórias de corrupção, crime e imoralidade nas cidades da nação.

O Partido Nazista serviu um coquetel de promessas para o futuro, com a garantia de ser membro da "raça mestra". Entregue com confiança e força, a mensagem nazista viu a filiação do partido subir para 100.000 em 1928. Mais tarde naquele ano, Joseph Goebbels, um dos mais fervorosos admiradores de Hitler, foi nomeado chefe da propaganda nazista. Ele modernizou os métodos de campanha do partido, criando slogans populistas, cartazes e panfletos que apelavam para os sentimentos das pessoas. Ele também utilizou transmissões de rádio, filmes e comícios encenados de uma forma radicalmente nova para transmitir as mensagens de Hitler.

A GRANDE DEPRESSÃO

Em outubro de 1929, a ruína atingiu a república quando Stresemann morreu, e a economia mundial, após o colapso de Wall Street. Os efeitos econômicos da Grande Depressão que se seguiu foram sentidos em todo o mundo, mas a Alemanha foi particularmente afetada. Seus bancos foram solicitados a devolver o dinheiro que haviam emprestado dos EUA para a recuperação do pós-guerra. O colapso econômico não foi lento, pois cada vez mais empresas foram à falência, os trabalhadores foram demitidos e o desemprego disparou. Durante os invernos de 1930-31 e 1931-32, mais de seis milhões de alemães estavam desempregados, o que significa estatisticamente que uma a cada duas famílias não tinha mais o ganha pão.

Com a saída de Stresemann, assim também se foi a cola que mantinha a república unida. Os partidos democráticos não conseguiam chegar a um acordo sobre as políticas necessárias para colocar o país de volta ao trabalho. A mensagem nazista de forte liderança, desobedecendo as regras estabelecidas pelo Tratado de Versalhes e enfrentando os problemas do desemprego, entrou em foco para muitos alemães. Os nazistas conquistaram 107 cadeiras nas eleições de 1930 e 230 em 1932, tornando-os o único maior partido do Reichstag.

Goebbels intensificou seus esforços, criando cartazes com slogans de campanha em vez de políticas definidas, apelando para as emoções das pessoas em vez de seus cérebros. Goebbels explicou seus métodos: "Há duas maneiras de se fazer uma revolução. Você pode explodir seu inimigo com metralhadoras até que ele reconheça a superioridade daqueles que seguram as metralhadoras. Ou você pode transformar a nação através de uma revolução do espírito..."

Os nazistas também não pouparam aqueles que achavam que eram os culpados pelos problemas da Alemanha, a república, os judeus, os comunistas e o Tratado de Versalhes. Eles tinham lido corretamente o humor público, algo sublinhado pela marca do nacionalismo carismático de seu líder. Ele deveria conduzir o país de volta ao trabalho, convidando os desempregados a ingressar no exército, fabricar armamentos e construir estradas – Hitler, mais tarde, usou a abertura da primeira autoestrada do mundo, em 1933, como um exemplo do que poderia ser feito por uma força de trabalho disciplinada, sob controle estatal. Ele percorreu o país de avião, dando todas as aparências de um líder dinâmico e de um homem do povo, que entendia seu país.

É claro que nem todos apoiaram os nazistas, mas muitos dos céticos de Hitler e seus motivos compartilharam seus medos: os comunistas, os judeus e os políticos e políticas da República de Weimar. A situação política era terrível e houve três eleições em 1932, durante as quais o parlamento alemão se reuniu apenas cinco vezes. Em março, Hitler se apresentou nas eleições presidenciais, ficando em segundo lugar em relação ao então deputado Paul von Hindenburg. Hitler exigiu ser nomeado chanceler, mas foi recusado. Em janeiro de 1933, no entanto, Hindenburg percebeu que para fazer passar suas políticas precisava de alguém que o apoiasse no Reichstag, e nomeou Hitler como chanceler.

OS NAZISTAS TOMAM O PODER

Desde o primeiro momento em que Hitler assumiu o cargo, ele e o Partido Nazista começaram a executar o plano que ele havia estabelecido em *Mein Kampf*. Neste momento, a Alemanha estava em alvoroço com discursos, comícios, manifestações e lutas de rua em muitas de suas principais cidades. Hitler convocou outra eleição em março, e a máquina de propaganda nazista entrou em um ritmo acelerado, com as vantagens adicionais de agora deter o poder sobre a imprensa da oposição, grande parte da qual foi fechada, e o controle das ruas através da polícia ou da SA. Alguns dias antes das eleições, o edifício do Reichstag foi incendiado. Hitler foi rápido em culpar os comunistas, alegando que este era o início de uma revolta. Ele exigiu poderes de emergência para lidar com isso e Hindenburg concordou. Seguiramse prisões rapidamente; cerca de 4.000 comunistas juntamente com outros opositores nazistas foram tirados das ruas.

A eleição viu os nazistas ganharem a maior parte dos votos - 43,9% - o que garantiu uma maioria absoluta de 52% devido a sua coalizão com o Partido Nacionalista. Hitler imediatamente baniu o Partido Comunista e projetou a aprovação da Lei de Habilitação, dando a seu gabinete plenos poderes legislativos sem o envolvimento do presidente, por quatro anos. Isto o tornou efetivamente ditador. Em poucas semanas, ele havia livrado o serviço público, o tribunal e os sistemas educacionais de "elementos estrangeiros", incluindo judeus e outros críticos nazistas, baniu todos os sindicatos, aprovou uma lei impedindo a formação de novos partidos políticos e assumiu o controle de todos os governos estaduais alemães. Em outubro, Hitler anunciou que a Alemanha deixaria a Liga das Nações.

No ano seguinte, 1934, Hitler começou a enviar os opositores políticos remanescentes para os "campos selvagens", precursores dos campos de concentração mais permanentes que viriam a seguir. Mas ele também percebeu inimigos em seu próprio campo e, no fim de semana de 29 e 30 de junho, lançou a chamada "Noite das Facas Longas" contra a liderança da SA, àquela época, uma força de cerca de quatro milhões de homens, com Ernst Röhm como seu líder e outros rivais potencialmente perigosos, e Hitler tinha sido alertado a respeito disso por oficiais do exército. Esquadrões de homens da SS assassinaram até 400 pessoas naquele fim de semana, incluindo Röhm e muitos outros que não tinham nenhuma associação com a SA.

Em 1º de agosto, o gabinete promulgou uma lei abolindo o cargo de presidente e combinando seus poderes com os do chanceler. Assim, Hitler tornou-se chefe de Estado, bem como chefe de governo, tendo total controle dos poderes legislativo e executivo do governo. No dia seguinte, Paul von Hindenburg morreu e Hitler autoproclamou-se líder supremo (Führer) da Alemanha. Após o anúncio, o exército fez um juramento de lealdade a ele. Isto marcou o início do Terceiro Reich.

COMEÇA A DITADURA

Mesmo que Hitler não tenha chegado ao poder com uma grande maioria democrática, em um ano ele havia assumido o poder completo na Alemanha. Ele, então, usou suas habilidades como orador para persuadir o povo alemão de que estava lá para restaurar seu país à glória anterior. "Após 15 anos de desespero, um grande povo está de pé novamente", declarou ele logo após sua eleição.

Com o país em ruínas, o desemprego em massa, a fome e a contínua convulsão política, Hitler começou a enfrentar os problemas econômicos e a encontrar empregos para os seis milhões de desempregados. Ele usou enormes comícios para compartilhar sua visão da nova Alemanha, povoada pela raça mestra ariana que viveria bem e restabeleceria os valores e a cultura tradicionais que haviam sido perdidos. Ele falava de seu orgulho do passado e de seus sonhos para o futuro. Era uma mensagem de esperança para muitos daqueles que haviam sofrido os horrores da guerra e da revolução que haviam experimentado. Tudo o que o povo foi solicitado a fazer foi aceitar as duras medidas necessárias para lidar com aqueles que haviam causado os problemas do país - políticos, aliados, comunistas, banqueiros, especuladores e judeus - para restaurar a ordem e fazer o que lhes foi dito. Na realidade, a "visão" de Hitler era um pouco diferente. Para ele, os cartazes e slogans da máquina de propaganda nazista haviam sido um meio para atingir um fim...obter o poder. Agora que ele já tinha feito isso, ele tinha um propósito mais sombrio em mente.

Nos primeiros anos do regime nazista, apesar da perda de algumas liberdades pessoais, a vida na Alemanha era relativamente normal. O desemprego diminuiu e o país estava gradualmente se libertando das decepções dos últimos anos. Os turistas afluíram à "nova" Alemanha e tendiam a ficar impressionados; o país até sediou os Jogos Olímpicos de 1936, com muita aclamação internacional. As pessoas, no entanto, alimentavam algumas dúvidas: a ameaça da Gestapo era uma preocupação, assim como a existência dos campos de concentração que eram regularmente descritos, particularmente, na imprensa estrangeira. O tratamento dispensado aos judeus também, principalmente quando consagrado nas Leis de Nuremberg, de setembro de 1935, era inquietante para muitos. Entretanto, assim como Hitler pretendia, com a retomada da economia e o retorno gradual da vida à normalidade, a maioria dos alemães ou apoiava as políticas nazistas ou pelo menos as tolerava na crença de que eram boas para o país.

CULTURA E PROPAGANDA

Os nazistas estavam interessados em infiltrar-se e controlar todas as áreas da vida na Alemanha, e isso incluía a cultura e as artes. A República de Weimar e Berlim, em particular, haviam visto um florescimento da pintura alemã, muito dela abstrata, e da literatura, arquitetura, música, dança, teatro, cinema, ciências e filosofia. Os nazistas consideravam muito deste decadente, subversivo e imoral. Em 1933, eles criaram a Câmara de Cultura do Reich, que estava sob o controle de Goebbels e do Ministério da Propaganda, para policiar a produção artística da Alemanha nazista e garantir que ela apoiasse seus ideais. As tensões desta época são abordadas dramaticamente no filme *Cabaret*, de Bob Fosse, de 1972.

Em geral, as atitudes dos nazistas em relação à cultura eram anti-intelectuais. Eles estavam apenas interessados em aspectos simples e tradicionais da cultura alemã - glorificação da vida camponesa, família, heroísmo no campo de batalha e pureza racial ariana - rotulando a inovação como subversiva. Na literatura, que eles viam como uma fonte primária de educação, colocavam na lista negra autores que não aprovavam, como o dramaturgo marxista Bertolt Brecht e o autor ganhador do Prêmio Nobel Thomas Mann, e incentivavam a queima em massa de livros em todo o país. Em 1936, eles fizeram uma revisão de todas as artes em museus e galerias alemãs. Como resultado, cerca de 16.000 quadros foram removidos das paredes e confiscados. Muitos deles foram posteriormente vendidos no mercado internacional de artes como fonte de moeda estrangeira. Os artistas aprovados pelo Partido tiveram que solicitar uma licença para produzir e vender seu trabalho.

Durante os anos anteriores à guerra, os cinemas e teatros alemães foram forçados a apresentar obras de diretores e produtores nacional-socialistas. No entanto, as maiores inovações vieram no trabalho cinematográfico de Leni Riefenstahl. Embora produzindo principalmente obras de propaganda nazista, como o *Triumph of the Will*, retratando o Comício de Nuremberg, de 1934, e *Olympia*, que cobriu os Jogos em Berlim, em 1936, Riefenstahl tornou-se famosa pelo uso de técnicas inovadoras e sua brilhante direção. Seu trabalho foi tão marcante e poderoso que ela sempre esteve associada ao Nacional-Socialismo, apesar de ter ficado chocada com a violência que testemunhou durante as filmagens na Polônia, nos primeiros meses da guerra, o que a levou a retirar o apoio ao regime.

Na arquitetura, Albert Speer, que estava destinado a tornar-se membro do círculo interno de Hitler, projetou e construiu a nova Chancelaria do Reich e as áreas de desfile do Partido Nazista em Nuremberg. Estes eram edifícios típicos do movimento nacional-socialista, monumentais e brutalistas na tentativa de transmitir a "grandeza duradoura" do movimento. Uma grandeza semelhante era exigida dos músicos e compositores favorecidos. Obras de gigantes do cânone musical alemão como Bach, Beethoven, Bruckner e Richard Wagner, em particular, foram promovidas, enquanto obras de não-arianos como Mendelssohn e Mahler, além de jazz e música swing, foram reprimidas no início e, depois, banidas por completo.

Para o historiador Karl Bracher, o sucesso da ideologia nazista só pode ser realmente compreendido através de seu uso da mídia e da cultura. Ele aponta o uso de técnicas modernas de formação de opinião para criar um "fenômeno psicológico verdadeiramente religioso" com a propaganda como seu "evangelho", tornando-o tão poderoso. É claro que o medo foi adicionado à mistura mas, na realidade, isso só daria cumprimento, enquanto o que os nazistas conseguiram, principalmente, foi a crença intrínseca. Uma interpretação ainda mais moderna é que o nazismo funcionava como uma marca.

A VERDADEIRA VISÃO DE HITLER

Com o sucesso dos Jogos Olímpicos e a aprovação da visita de líderes estrangeiros, incluindo Lloyd George, que o elogiou como um "grande homem" após uma reunião no mesmo ano, a verdadeira visão de Hitler estava tomando forma. Da perspectiva do século XXI, parece ridículo dizê-lo, mas o que ele procurava era...o domínio mundial. Seus objetivos, ocultos em *Mein Kampf*, eram uma Alemanha povoada maiormente por arianos "racialmente puros", fiéis ao Estado e a ele como seu líder. Seu plano era que a Alemanha "se movesse pelo mundo como um anjo amante da paz, mas armado com ferro e aço". Não poderia haver oposição; qualquer um que se opusesse ao regime ficaria aterrorizado. A Alemanha se rearmaria e se expandiria para o leste, fazendo guerra contra a URSS para destruir o comunismo e construir um império.

Antes de voltar sua atenção para sua política externa, ainda havia muito a ser feito em casa. A fim de estabelecer seu estado totalitário, os nazistas usaram várias organizações poderosas para governar o povo alemão. Em nível local, os nazistas assumiram o controle da polícia, dos magistrados, dos juízes e dos tribunais e, portanto, podiam punir seus oponentes e ignorar os crimes cometidos por seus próprios agentes. Ao lado disto estava a Gestapo, a polícia estadual secreta, criada por Hermann Göring em 1933 e um cargo assumido no ano seguinte por Heinrich Himmler. Muito temida pelos cidadãos alemães, a Gestapo usou métodos impiedosos para se tornar uma parte vital da repressão nazista. Apesar de ser uma organização pequena, a Gestapo agiu como a força policial nazista, embora não tenha respondido a nenhum órgão judicial ou legal. Era livre para prender pessoas e enviá-las aos campos de concentração sem julgamento ou mesmo explicação.

Muito maior e mais poderosa era a SS, também sob o comando de Himmler, que havia sido criada em 1925, e era formada por fanáticos com particular lealdade a Hitler. Inicialmente fornecendo-lhe proteção pessoal, a SS cresceu e se tornou uma força poderosa e temida. Em seu auge, a SS tinha um milhão de membros em suas três divisões: a SD, serviço de segurança interna; as Death's Head, unidades que dirigiam os campos de concentração; e as Waffen-SS, regimentos blindados que serviam ao lado do exército regular (a Wehrmacht).

A arma final do estado policial nazista, no entanto, foi a ameaça dos campos de concentração. Os primeiros foram criados em fábricas e armazéns em desuso logo após Hitler ter tomado o poder, para manter os opositores políticos do novo regime. Seguiram-se campos de concentração propositalmente construídos e ficaram repletos de inimigos do regime: judeus, comunistas, socialistas e outros que foram condenados a trabalhos forçados. Mal alimentados, tratados com crueldade desumana e, muitas vezes, mortos, cerca de 1,3 milhões de cidadãos alemães foram enviados a esses campos nos primeiros cinco ou seis anos de sua existência.

NO AUGE

Os nazistas continuaram a consolidar seu poder através de uma combinação de propaganda e medo: a propaganda, seja através de jornais, rádio, filmes ou cartazes, era controlada pelo partido e dizia às pessoas o que pensar; e o medo, agitado pela violência que as pessoas viam nas ruas ou pelo tratamento dado aos judeus, fazia com que elas não criticassem o regime.

Os testes do apoio do povo alemão ao regime de Hitler foram, então, grosseiros e rápidos. Na realidade, a reviravolta nas perspectivas econômicas da Alemanha foi construída baseada na fabricação de armamentos em preparação para a guerra. Isto estava em funcionamento desde 1934, em completa violação das regras estabelecidas em Versalhes. Em 1936, Hitler quebrou outra das regras do Tratado quando enviou tropas alemãs para reocupar a zona desmilitarizada da Renânia, na fronteira sudoeste da Alemanha com a França. Ninguém o impediu.

Um ponto de inflexão semelhante, embora muito mais chocante, ocorreu na primeira semana de novembro de 1938. Em 7 de novembro, um jovem judeu, Herschel Grynszpan, matou um diplomata alemão, Ernst vom Rath, em Paris, em vingança pela deportação de seu pai para a Polônia. Duas noites depois, os nazistas se vingaram violentamente em toda a Alemanha num frenesi antissemita. Milhares de casas, escolas, empresas, hospitais, sinagogas e cemitérios judeus foram incendiados ou vandalizados. Pelo menos uma centena de judeus foram assassinados naquela noite, outros foram feridos e houve numerosos estupros. Os policiais e bombeiros foram ordenados a não intervir a menos que houvesse uma ameaça aos interesses arianos. Além disso, mais de 30.000 homens judeus foram presos e enviados para os campos de concentração recém construídos em Buchenwald e Sachsenhausen.

Na manhã de 10 de novembro, as ruas das comunidades judaicas foram cobertas de vidro quebrado, dando origem ao nome de *Kristallnacht* ("Noite dos Cristais"). Göring anunciou que a comunidade judaico-alemã era a culpada pela violência, e impôs uma multa coletiva de um bilhão de marcos, retirando-os efetivamente da economia. Houve indignação com a notícia desta atrocidade em todo o mundo, mas ninguém se pronunciou na Alemanha.

Sinos de alarme já estavam tocando em outras partes da Europa e nos EUA. A anexação da Áustria havia começado em 12 de março de 1938, o Sudeto - uma parte da Tchecoslováquia rica em recursos e de língua alemã - foi anexada em seguida, em outubro. No final do ano, todo o país estava nas mãos dos nazistas. A guerra era inevitável.

O CONFLITO MUNDIAL

A Segunda Guerra Mundial começou oficialmente em 1° de setembro de 1939, quando a Grã-Bretanha e a França declararam guerra após a invasão alemã da Polônia. Outros países logo sucumbiram aos cães de guerra alemães: Dinamarca, Noruega, Holanda e Bélgica caíram até maio de 1940. A máquina de guerra alemã estava em pleno funcionamento, e sucessos no campo de batalha significavam pessoas felizes e saudáveis em casa. A comida era abundante; o moral estava elevado.

É uma suprema ironia que as sementes da eventual derrota de Hitler tenham sido lançadas no momento em que ele tentou alcançar seu objetivo final, a invasão da União Soviética e a destruição da ameaça comunista. A ofensiva alemã, lançada em junho de 1941, havia sido planejada como uma guerra de aniquilação, e era notável por sua brutalidade, particularmente contra judeus, ciganos e eslavos. A maior operação militar do conflito, a Operação Barbarossa, como ficou conhecida, envolveu mais de três milhões de militares. Dentro de um ano, as forças alemãs estavam ao alcance de Moscou. Como parte da campanha, esquadrões de morte móveis chamados *Einsatzgruppen* foram organizados para iniciar o assassinato em massa de judeus soviéticos. Compostos por tropas SS, operando atrás das linhas de frente em avanço, estas unidades teriam matado mais de um milhão de civis durante o avanço alemão através da Polônia ocupada pelos soviéticos, os estados bálticos, a Ucrânia e a própria Rússia - ações agora consideradas como o início da política de Solução Final de Hitler para livrar a Europa da raça judaica. A política de terra queimada adotada pela Wehrmacht não estava sujeita às regras normais da guerra, e resultou na morte de milhões de civis soviéticos e prisioneiros de guerra.

Em setembro de 1942, as tropas alemãs chegaram à periferia de Stalingrado, marcando o ponto mais oriental de sua dominação. Em novembro, as forças soviéticas lançaram uma contraofensiva, encurralando e destruindo todo um exército alemão. A *Blitzkrieg* ("guerra relâmpago") terminou e os alemães estavam em catastrófico retiro. Devido aos níveis surpreendentes de crueldade que os alemães demonstraram durante seu avanço, o Exército Vermelho não mostrou misericórdia para com os soldados em retirada e as atrocidades continuaram. No decorrer da campanha de três anos na Frente Leste, 5,5 milhões de soldados alemães e 1,5 milhões de civis perderam suas vidas. Muitas poucas famílias alemãs ficaram intocadas por essas perdas.

Seja o fracasso da Luftwaffe em vencer a Batalha da Grã-Bretanha, em 1940, a derrota da Wehrmacht em Stalingrado, em 1942-43 ou os desembarques na Normandia, em junho de 1944 que marcaram o ponto de virada da guerra, a Alemanha permaneceu firmemente nas garras de Hitler e do regime nazista. Apesar destas derrotas, o esforço de propaganda permaneceu poderoso. A reputação pessoal de Hitler permaneceu intacta, com muitos de seus seguidores mais fanáticos ainda sob o seu domínio. A "nazificação" da Alemanha havia plantado raízes profundas - ainda mais profundas do que aquelas semeadas pelo medo da violência. Após a guerra, Albert Speer, então ministro do armamento e da produção bélica de Hitler, explicou o domínio dos nazistas sobre o povo alemão, afirmando "que o que distinguia o Terceiro Reich de todas as ditaduras anteriores era o uso de todos os meios de comunicação para se sustentar e privar seus objetos de poder do pensamento independente". A influência nazista estava em toda parte, não apenas através do Partido, mas também nas camadas de oficialismo e burocracia estatal. Eles controlavam todas as áreas da vida, não deixando espaço livre pessoal para o cidadão comum.

A EXISTÊNCIA DE RESISTÊNCIA

No outono de 1944, os exércitos alemães estavam em retiro tanto na Frente Oriental quanto na Ocidental. As notícias trazidas pelos soldados que retornavam dos combates não eram boas. Os bombardeios Aliados estavam aumentando em número e eficácia. Um ataque aéreo, que havia começado em 1942, atingiu tanto locais civis quanto industriais para aterrorizar a população e deixar a indústria aleijada. O impacto na economia de guerra da Alemanha foi significativo à medida que a produção de ferro e aço entrou em declínio. Com mais trabalhadores e poder necessários para as fábricas de armamento, havia menos para a população civil. Os alimentos se tornaram escassos. O resultado natural disto foi que um número crescente de cidadãos alemães começou a duvidar da vitória, com um número cada vez maior querendo simplesmente que a guerra terminasse.

Até este ponto, as críticas que havia sobre o regime nazista não tinham sido dirigidas a Hitler. Segundo o historiador Ian Kershaw, o "mito Hitler", que o via como defensor da Alemanha e libertador da pátria das grilhetas do Tratado de Versalhes, tinha sido mantido. Em 20 de julho de 1944, no entanto, sua garra se soltou quando ele foi ferido após uma bomba, colocada sob sua mesa em um briefing militar na Prússia Oriental. Isto fazia parte de uma trama liderada pelo oficial do exército Claus von Stauffenberg para assassinar Hitler e retirar os nazistas do poder. Embora a tentativa de golpe tenha falhado, Hitler sobreviveu, e Stauffenberg e alguns de seus companheiros conspiradores foram executados, o incidente provou a existência de resistência aos nazistas dentro do partido. Para muitos, a fé no regime nazista e a onipotência de seu líder estavam abaladas.

Durante o outono de 1944, más notícias continuaram a chegar da linha de frente: derrotas no campo de batalha, falta de homens, falta de munições. Em casa, o bombardeio noturno foi implacável; a escassez de gás, a falta de combustível e a interrupção dos transportes continuaram a deprimir a vida civil, assim como a perspectiva crescente de colapso industrial e econômico. A um nível superior na hierarquia nazista, no entanto, a fé em Hitler parecia ainda ser forte. Se esta fé era real ou não, não está claro. O que é claro é que nesta época aqueles que ocupavam posições importantes no Partido já tinham percebido que se ele caísse, eles também cairiam. A resposta de Hitler ao agravamento das notícias foi a de convocar uma guerra total, subordinando todos os recursos e infraestrutura civis às necessidades dos militares e ao esforço de guerra e, ao mesmo tempo, liberando os militares para usar quaisquer meios necessários para alcançar a vitória.

Em setembro, Hitler decidiu renunciar à defesa na Frente Ocidental e transformá-la em ataque. Em dezembro, as forças alemãs iniciaram uma ofensiva, com o objetivo de criar uma cunha entre as forças britânicas e americanas nas Ardenas, região de fronteira entre a Bélgica e o nordeste da França. Os alemães lançaram um ataque surpresa, utilizando tanques e tropas e aproveitando o mau tempo, o que impediu o uso do apoio aéreo dos Aliados para as tropas americanas ali estacionadas. Entretanto, eles encontraram uma defesa feroz que atrasou o avanço, e a melhoria das condições climáticas permitiu ataques aéreos contra as forças alemãs e suas linhas de abastecimento. Em meados de janeiro, o que ficou conhecido como a Batalha do Bulge, havia terminado e os alemães estavam em plena retirada.

À VISTA DE TODOS

Pouco havia para comemorar na Alemanha durante o Ano Novo de 1944-45. Estava um frio congelante, as condições pioravam sem gás, sem eletricidade e com pouca água ou alimentos. As ruas da cidade estavam inundadas de refugiados. As esperanças, alimentadas pela propaganda promissora da chegada iminente de novas superarmas, bombas voadoras V-2 e sofisticados submarinos, estavam desaparecendo. Em janeiro, foi anunciado que a Rússia tinha montado uma ofensiva e suas tropas estavam avançando para o Oeste, em direção à Alemanha. O progresso do Exército Vermelho era implacável; em 19 de janeiro, eles tinham tomado Cracóvia, na Polônia. O medo de seu avanço, já alimentado por retratos de propaganda dos bárbaros bolcheviques, cresceu ainda mais com as histórias da espantosa e hedionda violência das forças em avanço relatadas pelos soldados que retornavam da Frente. Havia relatos regulares de atrocidades cometidas usando a máxima brutalidade, aldeias queimadas, civis inocentes executados sumariamente e mulheres e meninas violentadas - pensa-se que pelo menos 100.000 pessoas morreram desta forma, enquanto soldados soviéticos se vingavam das táticas "sem misericórdia" mostradas pelos alemães durante sua invasão. Em 27 de janeiro, as forças russas chegaram a Auschwitz. Embora não tenha sido o primeiro campo de concentração a ser liberado, o tamanho e a escala da operação descoberta pelos soldados do Exército Vermelho naquele dia garantiram que Auschwitz-Birkenau permanecesse um símbolo poderoso dos horrores do Holocausto (ver Capítulo 3).

Quando os russos cruzaram a fronteira alemã, vindos da Polônia, os soldados da Wehrmacht, em retirada, foram acompanhados por civis temerosos com o avanço dos bolcheviques. Nessa época, a burocracia estatal havia sido completamente quebrada, os planos de evacuação haviam sido abandonados e havia um caos nas ruas das cidades da Prússia Oriental, o que tornava a situação muito pior. Finalmente, o pêndulo tinha começado a balançar contra o Partido Nazista.

Quando as forças alemãs voltaram para casa, o país encolheu em face do avanço das forças Aliadas no Oeste e das forças soviéticas no Leste. Líderes do regime nazista, agora enfrentando a possibilidade de derrota, pressionavam os que finalmente se voltavam contra eles. A repressão praticada no Leste se voltou primeiro contra as legiões de trabalhadores estrangeiros, depois prisioneiros de guerra e, depois, contra o próprio povo alemão. Durante janeiro e fevereiro, o encolhimento do Estado alemão foi testemunha do que o historiador Ian Kershaw descreveu como uma "orgia de matança"; houve execuções sumárias por fuzilamento ou enforcamento por crítica ao regime, derrotismo e deserção do exército - pensa-se que mais de 20.000 soldados alemães tenham sido executados durante o último ano da guerra. As disputas entre os soldados em retirada e os membros do Partido Nazista aumentaram na confusão.

A situação piorou entre 13 e 15 de fevereiro, quando a campanha de bombardeio dos Aliados atingiu a cidade de Dresden, usando 800 bombardeiros e 2.700 toneladas de explosivos. Como um importante centro da rede rodoviária e ferroviária, a destruição da cidade teve

E os anjos choraram... Os restos esqueléticos da outrora bela cidade de Dresden, após repetidos bombardeios dos Aliados, em 1944.

como objetivo interromper as vias de comunicação, causar caos para as autoridades alemãs e acelerar o fim da guerra. Desde o desaparecimento da Luftwaffe e a desorganização do que restava das defesas antiaéreas, houve pouca proteção para os habitantes. A queda de tantas bombas e dispositivos incendiários causou milhares de pequenos incêndios que se fundiram em uma tempestade de fogo tão poderosa que seus ventos sugaram oxigênio, combustível, estruturas quebradas e pessoas para dentro de suas chamas. A cidade foi arrasada, e estima-se que cerca de 25.000 pessoas foram mortas. O bombardeio conseguiu aterrorizar os civis alemães tanto localmente como em todo o país. O fim da guerra estava à vista de todos.

CAPÍTULO 2

A DESINTEGRAÇÃO DO COMANDO

Em 16 de janeiro de 1945, Hitler se instalou em um abrigo subterrâneo perto da Chancelaria do Reich, em Berlim. O bunker reforçado, de 300 metros quadrados, conhecido como o Führerbunker, foi sua casa durante os últimos cem dias de sua vida. Como centro do regime nazista desde aquele dia, foi dali que Hitler dirigiu os últimos meses da guerra. Assim como o Führer e sua namorada, Eva Braun, os residentes do bunker incluíam oficiais e pessoal de apoio. Os visitantes, muito provavelmente líderes políticos e militares, iam e vinham. Com a derrota se tornando cada vez mais inevitável e a perspectiva de morte cada vez mais provável, a atmosfera nas salas a 15 metros abaixo dos jardins da Chancelaria era intensamente claustrofóbica.

Apesar da situação se deteriorar, Hitler manteve seu otimismo maníaco, determinado a continuar sua tentativa de perseguir a glória ou a morte. Os demais membros da liderança não estavam tão seguros, alguns considerando suas próprias posições e as de seu país após a guerra, embora mantivessem esses pensamentos para si mesmos.

Com o aumento das tensões, alguns começaram a discutir entre si, procurando saídas; Heinrich Himmler, Joachim von Ribbentrop e Göring consideraram negociar com os Aliados. Somente Goebbels permaneceu firme em seu apoio. Com diferentes intenções entre a liderança do regime, as ordens de Hitler, muitas vezes, não eram cumpridas, e algumas nem mesmo eram entregues - sua coroa estava escorregando. Os assuntos chegaram a um ponto alto em março. Ao longo de sua vida, Adolf Hitler nunca tinha sido capaz de admitir erros ou aceitar a responsabilidade por qualquer falha. Seu moral estava finalmente em declínio, e como o Reich de mil anos que ele fundou estava à beira do colapso, ele culpou a fraqueza do povo alemão e uma organização militar cheia de oficiais tímidos, desleais e incompetentes. Se ao menos eles o tivessem realmente escutado e se tivessem deixado inspirar. Se eles tivessem possuído a mesma vontade e determinação que ele, tudo teria sido diferente.

Com tão pouca fé no povo alemão e com os Aliados agora em solo alemão, Hitler ordenou à Wehrmacht que destruísse a infraestrutura de transporte do país, tornando inúteis fábricas, pontes, fornecimento de eletricidade e instalações de água, em vez de permitir que caíssem em mãos inimigas. O ministro do Armamento, Albert Speer, que visitou o bunker em março para falar diretamente com Hitler, deixou clara sua crença de que a infraestrutura da Alemanha e seu povo deveriam ser protegidos contra a destruição. Hitler ficou furioso, e em 19 de março emitiu seu "decreto Nero", ordenando a evacuação de civis e a destruição completa de tudo nas áreas ameaçadas pelas forças Aliadas.

Em abril, tudo o que restava da Alemanha era uma estreita faixa de terra da Noruega, no Norte, ao norte da Itália, no Sul, com os Aliados se aproximando de Berlim. No Leste, em 15 de abril, começou o impulso soviético para a capital, enquanto no Oeste, Nuremberg caiu para as forças norte-americanas em 20 de abril e outras cidades começaram a se render, sem resistência. A atmosfera no bunker e na cidade em geral tornou-se cada vez mais histérica e fatalista. Embora muitos dos presentes no bunker com o Führer não tivessem intenção de morrer com ele e estivessem fazendo planos para fugir, se mantiveram em silêncio sobre suas intenções.

A influência de Hitler sobre a Wehrmacht e as Waffen-SS, no entanto, continuava a se manter, e eles colocaram uma resistência feroz tanto contra os invasores quanto contra aqueles alemães que não estavam mais preparados para lutar. Nenhum soldado queria que a Alemanha fosse derrotada, muito menos pelos bolcheviques do Leste, onde a propaganda de guerra tinha sido tão eficaz. Os generais mais leais a Hitler, incluindo Model, Schörner, Schultz, Kesselring, Jodl, Keitel e Dönitz, estavam preparados para lutar até o fim.

NÃO SOBROU NADA PARA SE VIVER

O fim veio nas últimas duas semanas de abril. Os funcionários do Partido Nazista começaram a abandonar seus postos, muitos fugindo por suas vidas. Nas ruas, cada vez mais violentas, os nazistas tinham se tornado abertamente impopulares e em algumas cidades o Partido foi dissolvido. A situação se tornou cada vez mais caótica, com soldados alemães em retirada, abandonando seus uniformes e se misturando com civis evacuados e refugiados da Áustria e da Hungria, fugindo das forças em avanço. A violência descontrolada durante esses dias levou centenas de civis à morte.

Hitler estava no bunker acompanhado por Joseph Goebbels, sua esposa Magda e seus seis filhos, juntamente com o deputado Führer Martin Bormann, um médico, duas secretárias e o cozinheiro vegetariano de Hitler. Os assuntos entre a elite da liderança do Partido Nazista haviam chegado a um ponto alto. Em 23 de abril, Hitler demitiu Göring de seu cargo, furioso por seu sucessor nomeado estar realmente tentando assumir o cargo de líder. Himmler sofreu um destino semelhante quando foi descoberto que havia conspirado com um diplomata sueco e havia negociado sua liberdade em troca da libertação de 30.000 pessoas dos campos de concentração.

Em 25 de abril, os subúrbios de Berlim haviam caído e o Exército Vermelho estava se fechando no centro da cidade. Os ferozes combates continuaram, com membros da Juventude Hitleriana e os anciãos do *Volkssturm* obedecendo às ordens do Führer para lutar até o último homem. Algum tempo depois da meia-noite de 29 de abril, Hitler e Eva Braun fizeram seus votos de casamento diante de oito convidados, incluindo Goebbels e Bormann. Eles, então, brindaram com champanhe acompanhados pelo s impactos dos cartuchos de artilharia acima. Após a cerimônia, Hitler entregou pequenas cápsulas de vidro cheias de cianeto a todos ao seu redor e declarou sua intenção de permanecer onde estava e morrer em vez de ser capturado pelo inimigo. Por volta das 15h30 da tarde de 30 de abril, com o bunker tremendo sob a incessante artilharia soviética, depois de falar calmamente com Bormann, Goebbels e outros, Adolf Hitler e sua esposa, Eva, entraram em seu quarto. Hitler assistiu enquanto Eva mordeu uma cápsula de cianeto antes de colocar um revólver em sua boca e puxar o gatilho. Rochus Misch, membro da SS e da guarda de Hitler, lembrou: "Todos estavam esperando o tiro, nós estávamos esperando... Depois veio o tiro. Heinz Linge [criado de Hitler] me levou para um lado e nós entramos. Eu vi Hitler caído junto à mesa. Não vi sangue algum na cabeça dele. Eu vi Eva com os joelhos estendidos ao lado dele no sofá...". Com grande dificuldade, os soldados arrastaram o corpo de Hitler até o jardim da Chancelaria acima e o colocaram em um buraco de cova rasa. Martin Bormann seguiu com o cadáver de Eva. Os corpos foram embebidos em gasolina e queimados.

No início do ano, Magda Goebbels havia escrito uma carta a seu filho de outro casamento, dizendo: "O mundo que vem depois do Führer e do Nacional-Socialismo não vale mais a pena viver...". No dia seguinte à morte de Hitler, Magda providenciou para que seus seis filhos recebessem injeções de morfina antes de serem administrados com doses letais de cianeto. Depois disso, ela e Joseph foram ao jardim e tomaram cianeto juntos. Seu ajudante, então, atirou neles, para ter certeza, depois eles também foram molhados com gasolina e queimados.

Alguns conseguiram sair do bunker, incluindo Martin Bormann. Seu cadáver foi encontrado nas proximidades em 2 de maio, mas teve que esperar até 1973 para ser confirmado como o de Bormann (reafirmado em 1998 por um teste de DNA). Uma testemunha afirmou que Bormann e um colega tinham se deparado com tropas soviéticas enquanto faziam sua fuga e engoliram cápsulas de cianeto para evitar a captura.

OS PONTOS DA LUTA

A notícia da morte de Hitler foi anunciada por seu sucessor, o Grão-Almirante Karl Dönitz, na rádio alemã, em 1º de maio. Ele disse: "É noticiado pela sede do Der Führer que nosso Führer Adolf Hitler, lutando até o último suspiro contra o bolchevismo, caiu pela Alemanha esta tarde em sua sede operacional na chancelaria do Reich". Os combates pararam em 9 de maio de 1945, deixando a Alemanha em ruínas. Com os líderes do Partido mortos, o medo entre seus funcionários e membros comuns era palpável. Tendo se desfeito dos uniformes, derrubado os retratos do Führer e feito o máximo possível para minimizar suas filiações ao Partido, eles tinham poucas escolhas: ficar onde estavam e enfrentar prisão e execução; esconder-se dentro da Alemanha, tentar fugir para o exterior ou suicídio, um exemplo

Um soldado americano desempenha o papel de Adolf Hitler na varanda da Chancelaria do Reich, em Berlim, onde o líder nazista uma vez proclamou seu império de 1.000 anos, em 1945. Um soldado britânico e um russo estão de cada lado dele.

claramente dado por seus antigos líderes. Muitos alemães seguiram o exemplo com uma epidemia de suicídios espalhados por todo o país. O suicídio tinha sido uma característica do nazismo desde a formação do Partido, entre os judeus alemães no início da guerra e do início das deportações, e entre os oficiais envolvidos na tentativa de assassinato de Hitler, em julho de 1944. Quando o regime começou a desmoronar, nos últimos meses da guerra, a ideia de suicídio serviu como um sinal heroico de autossacrifício, um ato viril para mostrar aos outros que sem Hitler e o Nacional-Socialismo a vida não valia a pena. Era vista como uma morte heroica e foi o caminho escolhido por políticos, líderes da SS, membros da força policial, do exército, generais e almirantes da Luftwaffe. Göring e Himmler tomaram o mesmo caminho enquanto estavam em cativeiro Aliado.

Mas havia outras razões para esta epidemia de autoimolação, particularmente para aqueles no Leste, cujos receios do avanço do Exército Vermelho tinham sido estimulados pela propaganda antibolchevique. Goebbels, encarregado da propaganda nazista, encorajou os cidadãos alemães a se matarem em vez de caírem no cativeiro russo. O historiador Florian Huber revelou que mais de 1.000 dos 15.000 habitantes de Demmin se mataram quando os soldados soviéticos se aproximaram da cidade do norte da Alemanha. Normalmente, eles tomavam veneno e isso, às vezes, era fornecido pelas autoridades locais; outros se enforcavam, atiravam ou se afogavam nos muitos rios e lagos da região. Também houve suicídios em cidades, vilas e vilarejos da Frente Ocidental; estes incluíam altos funcionários do Partido Nazista, membros de postos e de arquivos e cidadãos comuns que acreditavam fervorosamente na ideologia nazista e temiam pelo futuro sob ocupação. Na própria Berlim, acredita-se que cerca de 10.000 pessoas se mataram nos primeiros quatro meses de 1945.

UM DOS PRIMEIROS

Até as primeiras semanas de 1945, o regime nazista, embora sempre caótico, parecia se manter unido. Com o fracasso da ofensiva das Ardenas, quase todos os alemães, com exceção de Hitler, acreditavam que a guerra seria perdida. Enquanto tentavam permanecer positivos em público, a sós, muitos líderes do regime estavam tendo dúvidas sobre seu próprio futuro.

Helene ou "Helli" Bouhler, era uma mulher alta que sempre se vestia de maneira simples e elegante e usava o cabelo no estilo tradicional *Hausfrau*, que estava na moda e quase obrigatório na Alemanha de Hitler desde 1933. Em 19 de maio de 1945, ela estava em uma das janelas superiores do acastelado Schloss Fischorn, na Áustria ocidental. Ela havia sido presa lá pelas tropas americanas nove dias antes. Ela estava agora olhando para baixo em direção às águas frias dos Alpes de Zeller. Em algum lugar perto do lago nas florestas abaixo, estava o campo de detenção militar para onde seu marido, Philipp, havia sido levado sob custódia.

Como ela e seu marido haviam fugido de Berlim à Baviera, e depois à Áustria, Helene já havia imaginado seu futuro nos restos mortais derrotados e estilhaçados do Reich. Por mais de uma década, ela havia levado uma vida dourada como uma das estrelas mais brilhantes e bonitas da corte de Hitler. Ela havia sido fotografada com frequência em sua companhia. Ela era amiga íntima de muitas das principais figuras da elite social da Alemanha nazista, particularmente Hermann e Emmy Göring. Embora pouco conhecida fora do círculo interno de Hitler, seu marido, há muito tempo, era uma das engrenagens mais importantes da máquina do Partido Nazista e era acusado de arquitetar alguns dos piores crimes do regime. Como membro comprometido da "raça mestra", Helene podia esperar pouca compaixão dos Aliados vitoriosos. Havia muito pouco para ela esperar na Alemanha arruinada que eles iriam controlar. Tudo em que ela havia acreditado e amado estava perdido. Apoiadores proeminentes do regime nazista vencido, como ela, seriam uma pária social. Ela esperava um longo interrogatório seguido da miséria da prisão. Em algum momento daquele dia, ela foi informada de que Philipp havia cometido suicídio e ela tomou sua própria decisão. Abrindo bem a janela, ela se jogou para baixo, no pátio de cascalho do castelo, quatro andares abaixo. Uma vez que a breve papelada registrando sua morte estava completa e seu anel restante destacado de seu dedo, seu corpo foi carregado em um caminhão e levado para ser jogado em uma das valas comuns em Dachau.

Se o suicídio de sua esposa foi influenciado por seus medos pelo futuro, a decisão de Philipp Bouhler de se matar foi baseada em seu correto entendimento de que seus longos anos de serviço excepcional ao Nacional-Socialismo o marcaram aos olhos dos Aliados como um criminoso de guerra de primeira linha. Ele havia sido um dos primeiros seguidores de Hitler, um dos primeiros colaboradores do jornal nazista *Völkischer Beobachter* ("Observador do Povo") e era considerado o detentor do cartão de membro do partido número 12. Fotografias posteriores o mostraram orgulhosamente usando o Distintivo de Ouro que foi concedido àqueles que tinham pertencido ao NSDAP desde seus primeiros dias. Quando Hitler emergiu da prisão de Landsberg, em 1925, e começou a reconstruir seu movimento, um de seus primeiros atos foi fazer de Bouhler o gerente nacional da organização do Partido Nazista, um trabalho administrativo complexo no qual ele se destacou. Após assumir o controle total da Alemanha como Führer, em 1934, Hitler manteve o eficiente e discreto Bouhler ao seu lado como chefe de sua própria chancelaria, lidando com os papéis particulares de Hitler e a maioria da correspondência secreta. Bouhler também era confiável para presidir a importante diretoria nazista que examinava todas as publicações do Terceiro Reich e censurava qualquer coisa que infringisse as diretrizes do Partido.

ELIMINANDO AS "BOCAS INÚTEIS"

No final de 1939, um novo conjunto de deveres foi adicionado ao mandato de Bouhler, o que o colocou bem no centro do programa nazista de assassinatos em massa. Trabalhando com o médico de Hitler, Karl Brandt, ele foi responsabilizado pelo planejamento e implementação de um programa secreto – que recebeu o nome de código Aktion T4, a despeito do endereço de sua sede em Tiergartenstrasse, em Berlim. Impelido pela obsessão nazista pela pureza racial e higiene, Aktion T4 envolveu a eutanásia sistemática ou a matança forçada de "bocas inúteis", tais como os presos de hospitais e asilos com condições incuráveis, pois, na opinião de Hitler, eles significavam um dreno desnecessário dos recursos do Reich. Embora Aktion T4 tenha terminado oficialmente em 1941, o assassinato estadual de homens, mulheres e crianças com deficiências físicas e mentais por injeção, gás e, em alguns casos, por fuzilamento, continuou até 1945. Pesquisas recentes sugerem que o número total de mortes no Reich e na Europa Oriental ocupada provocadas pelo Aktion T4 e programas de eutanásia relacionados posteriormente foi bem superior a 300.000. Graças, em grande parte, à meticulosa habilidade organizacional de Bouhler, o programa foi, em termos nazistas, um sucesso notável. Na opinião dos pensadores nacional-socialistas, o Aktion T4 foi um passo importante para purificar o estoque de sangue do povo alemão, eliminando os loucos e os deficientes. Um grande número de leitos hospitalares valiosos também havia sido liberado para uso em tempo de guerra pela Wehrmacht e SS. Crucialmente, muitas lições úteis haviam sido aprendidas sobre a melhor maneira de coletar, avaliar, liquidar e dispor de um grande número de pessoas indesejadas. O trabalho consciencioso de Bouhler e seus subsequentes relatórios detalhados lançaram as bases para a destruição eficiente dos judeus europeus no Holocausto que estava por vir.

Philipp e Helene Bouhler eram típicos de uma parcela de nazistas líderes que seguiram o exemplo de Hitler e escolheram o suicídio como método para escapar da justiça Aliada. Dadas as condições caóticas que prevaleceram em toda a Europa nos últimos meses de guerra e nos primeiros dias de "paz", o número exato de suicídios nazistas desafia uma medida precisa. Entretanto, nos oito meses de abril a dezembro de 1945, mais de cem membros importantes da máquina nazista, funcionários do Partido, figuras-chave da SS, participantes dos programas de extermínio, mais uma corte de ideólogos e teóricos nazistas, se suicidaram em vez de arriscar terminar seus dias em uma prisão ou em um cadafalso Aliado. Muitos desses suicídios foram de oficiais superiores das forças armadas alemãs que se sentiram sob pressão especial para acabar com tudo isso rapidamente.

O "BOMBEIRO DO FÜHRER"

Em 4 de abril de 1945, dois grandes exércitos Aliados se encontraram em Lippstadt, pouco mais de 80 milhas a leste do Reno. Seu bem-sucedido impulso havia cercado e aprisionado as forças alemãs que defendiam o vale do rio Ruhr, o coração industrial do Reich. Omar Bradley e Bernard Montgomery, os generais Aliados encarregados de capturar o Ruhr, desfrutaram de uma vantagem esmagadora em termos de números em terra e de superioridade aérea. Contra eles, havia uma força muito menor e esgotada, com poucas munições e máquinas. Muitos dos defensores alemães que agora estavam cercados pelos Aliados eram apenas *Volkssturm*, membros de uma milícia nacional composta por civis mais velhos, armados com espingardas e pistolas de caça obsoletas, seus números eram reforçados por rapazes inexperientes da Juventude Hitleriana. No entanto, o moral deles era surpreendentemente alto. Eles estavam lutando em casa. O Führer havia prometido que um exército recém-formado já estava a caminho do

Bolso do Ruhr, carregando as tão esperadas armas milagrosas que logo teriam os Aliados recuando para o Atlântico. Ele apelou aos homens da Fortaleza Ruhr para defender com determinação as terras ocidentais da Alemanha. E ele os lembrou que estavam sendo liderados por seu comandante de campo mais bem-sucedido, o sinistro Marechal de Campo Prussiano Walter Model.

A maioria dos generais alemães parecia ser invencível nos meses iniciais da guerra, quando o inimigo era apenas uma Polônia isolada, lutando em duas frentes ou as democracias despreparadas e inseguras na Escandinávia, Bélgica e Holanda. A luta contra a Rússia estalinista havia se revelado uma proposta muito mais difícil, e a luta mais lenta contra a Frente Leste havia exposto as limitações de muitos comandantes alemães. Com o desenvolvimento da guerra, o austero Model emergiu como um líder duro e inabalável, quando a Wehrmacht já estava com o pé atrás, depois de Stalingrado. Model era um magistral defensor e sua capacidade de escorar as coisas para cima, e abafar as chamas em uma crise, como o colapso do Centro do Grupo do Exército na Bielorrússia, no verão de 1944, ou o aparecimento inesperado de um exército de paraquedistas perto de Arnhem naquele outono, haviam lhe dado o apelido de "bombeiro do Führer".

Nesta fase tardia da guerra, no entanto, mesmo Model pouco poderia fazer para defender o Bolso do Ruhr, dados os escassos recursos à sua disposição. Muitos de seus homens de infantaria estavam ficando sem munição; os poucos tanques Panzer ativos restantes tinham pouco combustível. Crucialmente, a ajuda prometida por Hitler nunca chegou. Os alto-falantes do exército americano perto das linhas de frente logo encorajaram os homens desanimados de Model a baixar as armas e, em 14 de abril, eles começaram a responder em número cada vez maior. No dia seguinte, seus oficiais de apoio começaram a desaparecer ou a se render. As pressões sobre o Model nos dias seguintes foram típicas daqueles que muitos comandantes seniores da Wehrmacht enfrentaram na primavera de 1945. Um comunicado americano de 15 de abril lhe ofereceu a chance de salvar vidas e cidades alemãs ordenando a retirada imediata de suas tropas. A mensagem Aliada insinuou clemência, e alguns de seus oficiais superiores o incitaram a pelo menos falar com o inimigo. Model parou, mas usou o tempo que ganhou para salvar o maior número possível de seus homens, dispensando os meninos e os homens idosos de seus deveres militares, e encorajando-os a voltar para casa com roupas civis. Em 17 de abril, ele ordenou que as tropas em suas demais unidades em funcionamento rompessem com o Ruhr e buscassem sua própria salvação, desobedecendo assim ao comando explícito de Hitler para resistir até o fim. De fato, a maioria das tropas de Model já tinha se entregue aos Aliados e agora estavam sendo reunidas em vastos campos de prisão improvisados nos prados do Ruhr.

A MORTE DE UM SOLDADO

Mais tarde naquele dia, Model sentou-se com seu chefe de pessoal e discutiu sua posição particular. Como todos os homens da Wehrmacht, ele havia feito um juramento de lealdade ao Führer. Mesmo agora, especialmente com a guerra claramente perdida, ele não tinha nenhum desejo de desonrar seu juramento, apesar de Hitler ter quebrado sua promessa de apoio. Além disso, Model estava muito consciente de que, no passado, ele havia desprezado publicamente o derrotado General Paulus por se render em Stalingrado, tornando-se assim o primeiro Marechal de Campo alemão da história a ser capturado vivo. Model não tinha nenhum desejo de ser lembrado como um segundo fracasso covarde. Ele também sabia que os soviéticos quase certamente planejavam acusá-lo de crimes de guerra cometidos no setor central da Frente Russa em 1942 e 1943, onde ele havia seguido uma rigorosa política de terra queimada que envolvia envenenar o abastecimento de água civil, queimar colheitas e executar civis desarmados suspeitos de atividade partidária. Não havia garantia de que os americanos não o entregariam a Moscou. Na Rússia, ele poderia esperar ser baleado ou enforcado na chegada. Sob grande pressão, naquela noite, ele foi ouvido murmurando sobre o destino histórico dos generais derrotados, "em tempos antigos eles tomavam veneno". Depois de escapar dos Aliados por vários dias, em uma breve reunião no dia 21 de abril, próximo a Duisburg, o Marechal de Campo Model ordenou que seus auxiliares se dispersassem, antes de caminhar em um pequeno bosque de carvalhos da Renânia e pôr fim aos seus problemas com sua pistola de serviço Walther 6,35mm.

O DESTINO DOS COMANDANTES DERROTADOS

Como as forças armadas alemãs no Ocidente estavam encalhadas pela logística e pela lógica da guerra, o altamente condecorado comandante do Panzer, General Karl Decker, também se viu preso no Bolso do Ruhr. Decker teve um sucesso notável na queda da França e na guerra suja nos Bálcãs. Na Frente Russa, ele havia conquistado a reputação de comandante rápido e determinado. Em tempos mais felizes, Hitler o havia elogiado em termos napoleônicos como "um general sortudo". Entretanto, seu fornecimento de munições e sua boa sorte acabaram nas semanas médias de abril de 1945. Quando a última de suas unidades finalmente se desintegrou e seus homens se dispersaram ou se renderam, ele fugiu para a casa de sua família, perto de Braunschweig, onde seguiu o exemplo de Model e explodiu seus miolos em 21 de abril.

O general Erich Bärenfänger era um nacional-socialista convicto que empreendeu a guerra o mais ferozmente que pôde até que ele também ficou sem meios para fazê-lo. Nos últimos dias do assalto do Exército Vermelho a Berlim, Bärenfänger estava no comando do que restava das forças alemãs entre os escombros dos subúrbios do sudeste da cidade. Com apenas 30 anos, ele era o general mais jovem da Wehrmacht. Ele também, certamente, foi quase o último general alemão a lançar um ataque bem-sucedido na Segunda Guerra Mundial, conseguindo reunir homens e tanques suficientes para parar e, depois, empurrar os russos de volta de várias posições-chave na cidade. Mais tarde, testemunhas se lembraram de vê-lo nos últimos dias de abril em pé, na cúpula de seu Panzer, instando seus homens a avançar em direção a uma morte certa e inútil. Uma vez confirmado o rumor do suicídio de Hitler, que havia se espalhado por Berlim durante os últimos dias de abril, Bärenfänger e sua família tentaram escapar. Na noite de 2 de maio, protegidos por um pequeno esquadrão de combate, eles tentaram fugir da cidade através da rede de metrô. Para seu horror, eles encontraram o caminho bloqueado graças à SS, que havia minado o canal próximo e inundado os túneis da Oranienburger Strasse no início do dia. Após se esconderem nos terrenos de uma destilaria em ruínas no distrito de Prenzlauer e perceberem que seu grupo estava inteiramente cercado por tropas soviéticas, ele, sua jovem esposa e o irmão dela, atiraram em si mesmos.

Este autoabate das fileiras superiores do exército alemão continuou durante os meses de verão de 1945, graças à fusão do desespero na derrota e do medo da justiça vingativa Aliada. O pavor inspirado pelo pensamento da justiça soviética foi especialmente forte. O general Erpo Baron von Bodenhausen desempenhou um papel importante na defesa do encurralado Bolso de Courland, na Letônia ocidental, durante dez meses sangrentos de cerco e batalha contra forças russas muito superiores. Assim que a ordem de rendição aos soviéticos foi transmitida ao seu corpo, em 9 de maio, ele cometeu suicídio dentro de uma hora para evitar a captura. Da mesma forma, o General Arthur Kobus, um respeitado soldado profissional que tinha subido nas fileiras ao serviço do Kaiser, da República de Weimar e do Terceiro Reich, se suicidou em Berlim no final de maio. Tinha ficado claro para ele o quanto os russos iriam se vingar de todos aqueles que haviam servido ao regime de Hitler.

A CULPA DA RENDIÇÃO

Se alguns comandantes contemplaram o suicídio por terem falhado em seu comando, dois oficiais superiores carregaram o fardo adicional de serem cúmplices na rendição de todo o exército alemão. O almirante Hans-Georg von Friedeburg e o general Eberhard Kinzel estavam na própria morte do Terceiro Reich. Von Friedeburg era comandante da frota alemã de submarinos desde o início de 1943 e foi promovido a Comandante em Chefe da Kriegsmarine, ou marinha alemã, quando o almirante Dönitz se tornou presidente do Reich, após o suicídio de Hitler. Kinzel serviu em vários cargos superiores no Estado-Maior da Wehrmacht. Em 1º de maio, Dönitz nomeou ambos os homens para seu governo de curta duração baseado em Flensburg, no pequeno bolso do norte da Alemanha que ainda não havia caído em mãos Aliadas. Dois dias depois, ambos os homens eram membros da delegação enviada à sede do Marechal de Campo Montgomery, perto da cidade de Lüneburg, para negociar a rendição alemã no noroeste da Europa. Em 4 de maio, após consultar seu chefe, ambos assinaram o documento de rendição incondicional, que foi o único acordo oferecido por Montgomery. Na semana seguinte, von Friedeburg esteve em Reims e, depois, em Berlim para testemunhar a assinatura da documentação de rendição completa subsequente. Ele permaneceu em seu posto com Dönitz, em Flensburg, por mais duas semanas, até que os Aliados dissolveram este último vestígio do governo nazista em 23 de maio e prenderam prontamente seus membros. Incapaz de enfrentar o cativeiro, von Friedeburg voltou ao seu quartel e mordeu sua cápsula de cianeto. Dois dias depois, Kinzel, que havia agido como oficial de ligação com o Grupo do Exército de Montgomery, soube que ele não era mais necessário para os Aliados. Temendo interrogatório, prisão e separação de sua digitadora e namorada, Kinzel também se matou. Sua amada Erika juntou-se a ele na morte.

SUICÍDIOS FORÇADOS

O General Heinrich Burchard já havia se afastado várias semanas antes de Hitler, embora ele não tivesse uma palavra a dizer sobre o assunto. Como muitos oficiais alemães nas últimas semanas da guerra, ele não foi vítima da justiça Aliada, mas de punições nazistas. Originalmente um oficial de artilharia do exército, durante a última fase da guerra, ele estava em destacamento especial como general da divisão Flak-Division da Luftwaffe, encarregado de proteger as cidades alemãs da armada noturna dos bombardeiros Aliados. Era um comando invejável dado o limitado equipamento e mão-de-obra disponíveis para ele. Para os civis alemães que se amontoaram e se queixaram em seus abrigos antibombas subterrâneos durante os últimos dois anos da guerra, a impotência crescente da Luftwaffe e sua Flak-Division foi um sinal noturno e inequívoco de derrota iminente. Em 1945, Burchard sabia melhor do que a maioria das pessoas quão pouca proteção eficaz seus artilheiros Flak poderiam agora proporcionar. Ele próprio apenas sobreviveu por pouco ao bombardeio maciço de uma pequena cidade supostamente segura nas montanhas Harz. Mais tarde, ele foi ouvido expressando seu desespero abertamente, dizendo que a guerra aérea estava totalmente perdida e que Hitler deveria pôr um fim às coisas. Seus comentários rapidamente voltaram para Hermann Göring, que procurava bodes expiatórios para desviar a crítica pública sobre sua liderança e a raiva do Führer. Burchard foi preso e julgado por um dos tribunais militares especiais que foram criados para reprimir a dissidência e erradicar os derrotados das fileiras. Considerado culpado em 11 de abril, ele marchou para uma sala na base aérea de Güstrow, em Mecklenburg, ao norte de Berlim. A sala continha uma pequena mesa, uma cadeira e uma pistola carregada.

UM SUICÍDIO LEAL

Como a marinha alemã, no caos do final de abril de 1945, a Luftwaffe também recebeu um novo líder de curta duração. Acreditando que Göring havia planejado um golpe contra ele e era, portanto, culpado de traição, em 23 de abril Hitler ordenou que ele se demitisse de seus altos cargos. O Führer também concordou com os preparativos para sua prisão e quase certa execução pela SS. No lugar de Göring, como Comandante em Chefe da Luftwaffe, ele nomeou um de seus mais leais seguidores, Robert Ritter von Greim, um ás dos caças pioneiros na Primeira Guerra Mundial, cuja habilidade e bravura haviam sido recompensadas com um título de cavaleiro e permissão para usar o título aristocrático de "von". Greim foi um hitleriano dedicado que participou do Golpe de Munique de 1923, que trouxe Hitler à atenção da nação alemã, e tinha sido fundamental na reconstrução da potência aérea alemã na década de 1930. Ele permaneceu leal ao Führer até o final. Em 26 de abril de 1945, como a maioria dos alemães estava fugindo para o Oeste e destruindo ativamente todas as evidências de sua conexão com o regime derrotado, von Greim voou para o centro de Berlim numa tentativa de resgatar Hitler do Führerbunker. Ele e sua amante, a aclamada aviadora e devota nazista, Hanna Reitsch, afrontaram a cobertura dos caças Aliados e o bombardeio de baterias antiaéreas alemãs. Quando von Greim foi gravemente ferido no pé pela artilharia, Reitsch apenas conseguiu assumir os controles do cockpit a tempo e pousou perto do Portão de Brandenburg, o mais próximo possível do santuário subterrâneo de Hitler. O Führer recusou sua oferta de voar para fora da cidade e para "segurança" na Baviera, mas

Robert Ritter von Greim foi um marechal de campo alemão e ás de voo da Primeira Guerra Mundial. Ele foi nomeado chefe da Luftwaffe depois que Hitler demitiu Göring por traição mas, nessa época, a falta de aviões tornou o cargo puramente honorário.

ele nomeou von Greim para o antigo comando de Göring como chefe da Luftwaffe. Na realidade, foi apenas um gesto para agradecer a von Greim por sua lealdade, pois muito pouco restava do antigo comando aéreo alemão: quando cercado pelas tropas americanas em Kitzbühel, nos Alpes, em 8 de maio, von Greim brincou com seus captores: "Eu sou o chefe da Força Aérea Alemã, mas não tenho força aérea". Na verdade, como comandante da Luftwaffe, sua única tarefa para Hitler era voar até Plön, perto da fronteira dinamarquesa. Lá, ele deveria prender o chefe da SS, Heinrich Himmler, que também havia caído em flagrante paranoia do Führer. Entretanto, como recompensa por sua bravura em voar para Berlim, seu amado Führer havia dado a von Greim algo muito mais valioso do que um título militar moribundo. Em 24 de maio e sob prisão americana em Salzburg, von Greim acreditava que estava prestes a ser entregue à custódia do Exército Vermelho Soviético. Graças à doação de Hitler de uma cápsula de cianeto, ele foi capaz de escapar da justiça russa.

ANIQUILAÇÃO ATÉ O ÚLTIMO HOMEM

Em 3 de agosto de 1942, por volta da meia-noite, um barco torpedeiro britânico ancorou em uma enseada sob os penhascos de Hog´s Back, um afloramento rochoso na costa sudeste de Sark. Ele transportava um seleto grupo de Comandos britânicos. Sua missão tinha três objetivos: verificar o alcance e a prontidão das forças inimigas na pequena Ilha do Canal; fazer prisioneiros úteis; e sempre que possível, causar desordem. Durante sua breve invasão da ilha, os homens do 12º Comando encontraram um pequeno destacamento de tropas alemãs adormecidas. Eles pegaram cinco prisioneiros e amarraram as mãos atrás das costas. No caminho de volta à praia, um dos prisioneiros começou a gritar por socorro e foi morto a tiros. Momentos depois, três dos outros se separaram tentando escapar. Dois foram baleados e um foi esfaqueado.

Os Comandos finalmente conseguiram levar um prisioneiro de volta a Blighty em seu barco torpedeiro.

A propaganda alemã alegou imediatamente que as tropas mortas já haviam se rendido, mas que haviam sido baleadas a sangue frio pelos britânicos, tendo suas mãos algemadas em ferros. Hitler ficou indignado e usou o incidente para emitir sua notória Ordem de Comando duas semanas depois, declarando que todo o pessoal inimigo capturado durante a atividade de ataque ou sabotagem deveria ser aniquilado até o último homem. Estes prisioneiros não teriam misericórdia e não seriam perdoados, mesmo que estivessem em uniforme militar adequado, desarmados e claramente dispostos a se renderem. A não confiável Wehrmacht foi proibida de deter tal pessoal dentro de suas próprias instalações de prisioneiros de guerra. Os comandos capturados deveriam ser entregues aos serviços de segurança nazistas para garantir sua execução imediata, sem julgamento.

A Ordem de Comando de Hitler introduziu ao conflito no Oeste algo da barbaridade cotidiana da guerra total na Frente Leste, onde ambos os lados massacravam regularmente os prisioneiros, como é óbvio. Também obrigou os comandantes militares alemães a violar os regulamentos internacionais vigentes que regiam o tratamento de prisioneiros, conforme definido nas convenções de Haia e Genebra. A obediência a esta ordem transformou automaticamente oficiais do exército alemão em criminosos de guerra. Muitos saudaram a ordem e a cumpriram de bom grado. Muitos outros simplesmente a cumpriram com a habitual obediência militar. Alguns oficiais superiores da Wehrmacht, notadamente, Erwin Rommel, sentiram-se profundamente desconfortáveis ao serem forçados a implementar uma ordem que violava de forma tão flagrante as regras de guerra aceitas - mas poucos desses críticos desconsideraram ou desprezaram abertamente o comando de Hitler. Havia muitos funcionários vigilantes da SS e da

Gestapo por perto, sem contar os nazistas fanáticos dentro das fileiras de suas próprias unidades. A maioria dos comandantes alemães simplesmente cumpriam a ordem e garantiam ser vistos fazendo-a com o grau suficiente do entusiasmo exigido.

PIRATAS NORUEGUESES

Típico deste último grupo foi o Almirante Otto von Schrader, que comandou as forças navais alemãs na costa oeste da Noruega. Sua tarefa era impedir os ataques em pequena escala por barcos torpedeiros rasteiros e rápidos que tanto irritavam o Führer. O *MTB 345* era um pequeno navio da Marinha Real Norueguesa envolvido no ataque à navegação alemã, e no transporte de suprimentos e informações aos agentes da Resistência ao longo da costa. No final de julho de 1943, foi obrigado a abortar sua missão e refugiar-se na ilha de Ospa, ao norte de Bergen, quando ficou sem combustível e não pôde voltar à sua base em Shetland. Von Schrader comandou a flotilha de sete navios de guerra alemães que cercaram e capturaram o *MTB 345* e seus seis tripulantes noruegueses e um britânico. A atividade de atropelamento e fuga dos torpedeiros Aliados ao longo das costas da Europa ocupada foi considerada "pirata" e não militar e, portanto, von Schrader foi obrigado a lidar com seus cativos conforme prescrito pela Ordem de Comando de Hitler.

Os homens capturados foram rapidamente entregues aos serviços de segurança. Eles foram levados para Bergen, onde foram torturados e executados em 30 de julho. Naquela noite, seus corpos foram lançados nas águas frias de Krossfjord, a oeste de Spitsbergen. Como se reconhecessem sua culpa no crime de guerra que havia sido cometido, os alemães anexaram explosivos aos sete cadáveres e a evidência de seu assassinato foi explodida em pedaços no fundo do mar. Von Schrader foi capturado pelos noruegueses em 17 de julho de 1945.

Reconhecendo ser cúmplice de uma atrocidade de guerra, o almirante cometeu suicídio dois dias depois. Seu colega da Wehrmacht no caso do *MTB 345*, o Coronel-General von Falkenhorst, adotou uma abordagem diferente quando, em 1946, enfrentou julgamento por seus crimes. Como muitos comandantes alemães levados à justiça, em sua defesa, Falkenhorst alegou que estava "apenas obedecendo às ordens de seus superiores". Ele teve sorte. Embora condenado à morte em 1946, um recurso arrastou-se o suficiente para que o desejo imediato de vingança do pós-guerra começasse a esfriar. Eventualmente, sua sentença de morte foi comutada para a prisão por 20 anos. Em 1953, ele já estava em casa graças a supostos problemas de saúde.

CAPÍTULO 3

OS JULGAMENTOS POR CRIMES DE GUERRA

A PRIMEIRA condenação das atrocidades nazistas foi feita em uma declaração conjunta dos governos tcheco e polonês exilados em Londres, em novembro de 1940. Dispostos a ajudar seus compatriotas reduzindo as chances de novas atrocidades, eles pressionaram o primeiro-ministro britânico, Winston Churchill, a tomar medidas. Durante uma visita aos Estados Unidos, em junho de 1942, Churchill levantou a ideia de estabelecer uma comissão das Nações Unidas sobre atrocidades.

A Polônia havia sofrido atos de brutalidade inacreditáveis desde 1939 quando, como resultado do pacto de não-agressão Molotov-Ribbentrop, foi invadida pela Alemanha e pela Rússia. Os alemães começaram imediatamente uma campanha de assassinatos indiscriminados, com cerca de 200 pessoas sendo mortas todos os dias durante o mês de setembro, incluindo soldados e civis capturados. Essas chamadas batidas de "pacificação" em cidades e vilarejos tinham o objetivo de subjugar a população local. Escolhidos ao acaso, algumas centenas de habitantes locais foram levados ao local de execução, forçados a se despir e deitar-se de barriga para baixo em fossos que já haviam sido cavados. Eles eram então fuzilados e seus cadáveres cobertos por uma camada de cal. Um segundo grupo de vítimas era então ordenado a deitar-se em cima dos corpos e, após serem mortos, outra camada de cal era jogada em cima. Este procedimento era repetido até que o fosso estivesse cheio. Os corpos foram então pisoteados até que a superfície estivesse suficientemente nivelada para que árvores ou grama pudessem ser plantadas. Execuções como esta foram realizadas diariamente pelos esquadrões da morte nazistas enquanto marchavam vitoriosos pela Polônia, e mais tarde pela União Soviética. Na aldeia de Szalas, no centro-sul da Polônia, por exemplo, os habitantes masculinos com mais de 15 anos de idade, cerca de 300 ao todo, foram reunidos e muitos foram mortos à metralhadora; os outros foram trancados na escola local, que foi então incendiada. Para garantir que suas ordens fossem cumpridas, Hitler anunciou isso: "Nenhum soldado alemão poderia ser levado a julgamento por qualquer ato cometido contra cidadãos poloneses ou russos".

O avanço alemão incluiu a queima e o saque de mais de 500 cidades e vilas. Até o final do ano, mais de 50.000 poloneses, muitos deles judeus, haviam sido assassinados em território ocupado. Também houve terror no ar, pois a Luftwaffe atingiu mais de 150 cidades, muitas delas sem nenhuma instalação militar. Depois de jogar suas bombas, os aviões alemães se juntavam aos assassinatos em massa, metralhando as pessoas que fugiam pelas estradas ao redor.

As Forças Soviéticas também cometeram atrocidades. O pior foi o massacre de Katyn, em abril e maio de 1940, quando a polícia secreta da NKVD assassinou cerca de 22.000 poloneses em uma série de execuções em massa realizadas na floresta de Katyn, perto de Smolensk. O plano de Stalin era destruir a Polônia e limpá-la do mapa através de uma limpeza étnica. Em 1940 e 1941, ele ordenou a deportação de cerca de 1,5 milhões de poloneses para campos de trabalho forçado no leste da URSS, nos Urais e na Sibéria. Muitos morreram em suas viagens, poucos sobreviveram aos campos e os que conseguiram, foram mais tarde recrutados para o Exército Vermelho.

A situação na Tchecoslováquia era semelhante. Enquanto a brutalidade na Polônia era alimentada pela propaganda, havia uma amargura particular pelo tratamento de mais de três milhões de alemães étnicos na província de Sudetos. Em setembro de 1938, esta área foi cedida à Alemanha como parte do esforço de apaziguamento de Munique. Como resultado, a Tchecoslováquia deixou de existir e foi substituída pela Eslováquia, que era povoada principalmente por grupos étnicos eslovacos e tchecos, *Untermenschen* ("sub-humanos"), de acordo com a doutrina nazista.

Uma das principais táticas de Hitler para garantir a cooperação com suas forças de ocupação foi a prática de atirar em reféns, presos para garantir a boa conduta futura de sua comunidade, e represálias aos prisioneiros para punir qualquer manifestação de resistência. Estes atos foram generalizados, brutais e deliberadamente destinados a aterrorizar os habitantes locais. Um dos piores incidentes foi a destruição da Vila de Lidice. Em 27 de maio de 1942, dois patriotas tchecos emboscaram e jogaram uma bomba em um carro carregando Reinhard Heydrich, o Protetor do Reich da Boêmia e Moravia. Descrito por Hitler como "o homem com o coração de ferro" e um dos principais arquitetos do Holocausto, as táticas de Heydrich para suprimir a resistência tcheca haviam sido particularmente brutais. Ele morreu oito dias depois. Hitler ficou furioso e, por vingança, ordenou a morte de 10.000 cidadãos tchecos selecionados ao acaso. A inteligência sugeriu que Lidice, a 16 km de Praga, pudesse ser o esconderijo dos assassinos. Em 9 de junho, a polícia cercou a vila e prendeu a todos. Na manhã seguinte, 196 mulheres e 88 crianças pequenas foram expulsas em caminhões para campos de concentração em Auschwitz e Ravensbrück; quatro das mulheres foram encontradas grávidas e receberam abortos forçados e, depois, enviadas para os campos. Mais tarde, naquela manhã, os homens e meninos foram levados dez de cada vez, alinhados contra a parede de um celeiro e fuzilados. Cerca de 200 morreram naquele dia. Enquanto o pelotão de fuzilamento estava ocupado, a aldeia foi queimada até o chão. Tratores e escavadeiras foram então trazidos para não deixar vestígios da aldeia de Lidice. Das crianças levadas, 17 foram selecionadas para "germanização" em lares alemães; as outras 81 foram enviadas para um acampamento em Chelmno e mortas por gases. No total, os nazistas prenderam mais de 3.000 pessoas: 1.357 foram baleadas e outras 657 morreram durante o interrogatório da SS.

Em 1942, detalhes destas atrocidades e muitas outras fornecidas pelo governo polonês foram discutidos no parlamento britânico, juntamente com uma proposta para a formação de uma Comissão de Crimes de Guerra das Nações Unidas. Pouco tempo depois, os governos americano, britânico e soviético fizeram uma declaração pública "que condenava explicitamente o extermínio contínuo de judeus europeus por Hitler". Em outubro de 1943, o presidente americano Franklin D. Roosevelt, Winston Churchill e o primeiro-ministro soviético Joseph Stalin, cujas forças se juntaram à luta contra a Alemanha, assinaram a Declaração de Moscou sobre as Atrocidades Alemãs. Ela afirmava que na época de um armistício, os alemães considerados responsáveis por atrocidades, massacres ou execuções seriam devolvidos aos países nos quais os crimes tivessem sido cometidos para serem julgados e punidos de acordo com as leis da nação em questão. Além disso, os grandes criminosos de guerra, cujos crimes não poderiam ser atribuídos a um lugar em particular, seriam tratados de acordo com as decisões conjuntas entre os governos Aliados. A Comissão de Crimes de Guerra da ONU, composta por cidadãos das Nações Unidas selecionados por seus próprios governos,

Um dos principais arquitetos do Holocausto, Reinhard Heydrich, era famoso por sua crueldade. Ele foi emboscado perto de Praga, em 1942, por soldados tchecos e eslovacos treinados pelos britânicos. A aldeia tcheca de Lidice foi destruída por nazistas em represália pela morte dele.

foi formalmente fundada no mesmo mês e encarregada de investigar e registrar, em particular, "atrocidades organizadas" perpetradas pelo regime nazista. Apesar dos poderes limitados, ela provou ser um marco no desenvolvimento do direito internacional.

A CARTA DE LONDRES

Embora as discussões entre as três principais potências aliadas em tempo de guerra - Grã-Bretanha, EUA e União Soviética - tivessem ocorrido nas reuniões em Teerã, em 1942, Yalta e Potsdam, em 1945, houve diferenças de opinião sobre as punições a serem dadas aos responsáveis por crimes de guerra durante o conflito. Roosevelt era favorável ao plano Morgenthau, sugerido por seu secretário do Tesouro, o judeu Henry Morgenthau, que defendeu a execução sumária dos principais líderes nazistas. Winston Churchill concordou amplamente com isso, mas objetou à ideia de Morgenthau de destruir a capacidade industrial da Alemanha e transformá-la em "um país principalmente agrícola e pastoral em seu caráter". O Secretário de Guerra dos EUA, Henry Stimson, defendeu fortemente os julgamentos, opinião compartilhada por Joseph Stalin, embora os julgamentos que ele tinha em mente fossem mais como julgamentos de fachada, nos quais o resultado já havia sido decidido. No caso, Roosevelt mudou de ideia a favor da abordagem legal, embora não tenha vivido para ver o fim do conflito e tinha sido sucedido em abril de 1945 por Harry Truman.

As diversas atividades Aliadas nesta área culminaram em uma reunião da Comissão em Londres. Até então, a França havia aderido ao que eram agora as chamadas quatro Grandes Potências que estabeleceram o Tribunal Militar Internacional (TMI), depois acordaram as regras legais, substantivas e processuais para os iminentes julgamentos de guerra que foram publicadas como a Carta de Londres, em 8 de agosto. A Carta elencava três categorias de crimes: Crimes contra a

Paz; Crimes de Guerra; e Crimes contra a Humanidade. A Carta também restringiu suas atividades à "punição dos principais criminosos de guerra dos países do Eixo Europeu", mas a lista também incluía várias organizações nazistas que definiu como criminosas.

Os termos da Carta de Londres eram conhecidos como os "Princípios de Nuremberg", porque os julgamentos seriam realizados na cidade da Baviera. Ela foi escolhida em preferência a Luxemburgo, Leipzig e Berlim, porque era o lar do Palácio da Justiça de tamanho adequado, que em grande parte não estava danificado e tinha uma prisão no local. Ele permanece em uso como sala de audiências até hoje em dia.

A ARROGÂNCIA E A CRUELDADE DO PODER

Os Julgamentos de Nuremberg foram os primeiros a responsabilizar os líderes governamentais por suas ações durante a guerra, e esta foi a primeira vez que os horrores do Holocausto foram discutidos em público em uma grande plataforma. O Julgamento do TMI em Nuremberg começou em 20 de novembro de 1945. Embora não fosse o primeiro julgamento por crimes de guerra da Segunda Guerra Mundial - os nazistas haviam sido julgados e executados em Krasnodar, na Rússia, e na cidade de Kharkov, na Ucrânia - era o mais importante. Diante de juízes e procuradores dos quatro principais países Aliados estavam os 24 chefes do regime nazista que haviam sido capturados pelos Aliados, juntamente com seus advogados de defesa. Embora Hitler, Himmler, Goebbels e Robert Ley (um membro do círculo interno de Hitler, chefe da Frente Trabalhista Alemã e profundamente implicado nos maus tratos aos trabalhadores escravos estrangeiros que se enforcou em cativeiro antes do julgamento) já estivessem mortos, os réus incluíam Hermann Göring, Rudolf Hess, o governador-geral dos territórios poloneses ocupados, Hans Frank, o membro do alto escalão da SS, Ernst Kaltenbrunner, o Ministro das Relações Exteriores, Joachim von Ribbentrop, Albert Speer, Alfred Jodl, Julius Streicher e Martin Bormann (embora mais tarde tenha sido provado que ele estava morto, ele foi julgado *in absentia*). Também estavam em julgamento o gabinete do Reich, o corpo de liderança do Partido Nazista, a SS, a SA, a SD, a Gestapo e o Estado-Maior e Alto Comando das Forças Armadas alemãs.

Na declaração de abertura, o Juiz da Suprema Corte dos EUA, Robert Jackson, o Procurador-Geral dos EUA, disse: "No banco dos acusados estão vinte e poucos homens arruinados. Reprovados pela humilhação daqueles que eles levaram quase tão amargamente, quanto pela desolação daqueles que eles atacaram, sua capacidade pessoal para o mal estará para sempre no passado. É difícil agora ver esses homens, esses líderes nazistas que dominaram grande parte do mundo e aterrorizaram a maior parte dele meramente como indivíduos, seu destino é de pouca importância.

O que torna este inquérito significativo é que estes prisioneiros ... [são] símbolos vivos de ódios raciais, de terrorismo e violência, e da arrogância e crueldade do poder... A civilização não pode se dar ao luxo de comprometer as forças sociais que ganhariam força renovada se lidássemos ambígua ou indecisamente com os homens nos quais essas forças agora sobrevivem precariamente."

Usando informações detalhadas e uma lista de nomes dos indivíduos responsáveis pelos crimes específicos pelos quais foram acusados, compilada pela Comissão das Nações Unidas para os Crimes de Guerra, com a cooperação de outros membros da aliança antinazista, bem como informações sobre o "extermínio" dos judeus fornecidas por várias organizações judaicas, a acusação começou. O processo, que durou quase um ano, forneceu provas documentais copiosas da crueldade e desumanidade sem precedentes na conduta da Alemanha nazista. As acusações incluíam conspiração para planejar, iniciar e travar guerras de agressão e crimes de guerra, como a invasão da Polônia e massacres

Max Faust (l), engenheiro chefe da IG-Farben, a empresa química que produziu Zyklon B para as câmaras de gás, com Heinrich Himmler, chefe da SS, em visita a Auschwitz no início da década de 1940.

na França, Bélgica, Alemanha, Itália, Grécia, Tchecoslováquia e Sérvia. Tanto os americanos quanto os russos exibiram imagens filmadas por cineastas Aliados em áreas libertadas que mostravam detalhes gráficos de atrocidades. Houve também muito interesse no genocídio de judeus na Europa ocupada pela Alemanha, que ficou conhecida como Shoah ou Holocausto. Centenas de documentos e testemunhas se referiam à perseguição e sofrimento dos judeus, enquanto um oficial da SS e Rudolf Höss, o comandante em Auschwitz, deu provas sobre as origens da Solução Final. Uma contribuição notável veio da jornalista francesa Marie-Claude Vaillant-Couturier, que forneceu um relato de testemunha ocular sobre a brutalidade em Auschwitz, onde ela passou três anos.

Seu testemunho incluiu as seguintes descrições: "Vimos a abertura dos carros e dos soldados deixando sair homens, mulheres e crianças deles. Assistimos então a cenas de sofrimento; casais velhos obrigados a se separarem um do outro, mães obrigadas a abandonar suas filhas pequenas, já que estas últimas eram enviadas para o campo, enquanto mães e crianças eram enviadas para as câmaras de gás. Todas estas pessoas desconheciam o destino que as esperava. Eram levadas a um prédio de tijolos vermelhos, que trazia as letras "Baden", ou seja, "Banhos". Ali, para começar, elas eram obrigadas a se despir e recebiam uma toalha antes de entrar na chamada sala do chuveiro... cápsulas de gás eram jogadas através de uma abertura no teto. Um homem da SS observava o efeito produzido através de uma vigia. Ao final de 5 ou 7 minutos, quando o gás completava seu trabalho, ele dava o sinal para abrir as portas; e homens com máscaras de gás - também eles eram prisioneiros - entravam na sala e removiam os corpos. Diziam-nos que os prisioneiros deviam sofrer antes de morrer, pois estavam muito agarrados uns aos outros e era muito difícil separá-los. Depois disso, um esquadrão especial vinha para arrancar dentes de ouro e dentaduras; e novamente, quando os corpos tivessem sido reduzidos a cinzas, eles os peneirariam na tentativa de recuperar o ouro."

A corte foi encerrada em 1º de setembro de 1946.

Apesar das diferenças no resultado do julgamento de cada um dos governos Aliados, as rachaduras haviam sido tapadas e as primeiras punições foram entregues aos que estavam em julgamento quando a sentença começou, em 30 de setembro. No julgamento, o tribunal deixou claro que não aceitava a defesa que muitos ofereciam: "apenas seguindo ordens". Em seu discurso antes da sentença, o Senhor da Justiça, Geoffrey Lawrence, Presidente do Tribunal, disse dos acusados: "Eles foram responsáveis em grande medida pelas misérias e sofrimentos de milhões de homens, mulheres e crianças... Sem sua orientação militar, as ambições agressivas de Hitler e seus companheiros nazistas teriam sido acadêmicas e estéreis... Eles eram uma casta impiedosa e militar... Muitos desses homens fizeram troça do juramento do soldado de obediência às ordens militares. Quando se adequa a sua defesa, eles dizem que tiveram que obedecer; quando confrontados com os crimes brutais de Hitler, que se demonstra terem estado em seu conhecimento geral, eles dizem que desobedeceram. A verdade é que eles participaram ativamente de todos esses crimes ou permaneceram em silêncio e aquiescentes, testemunhando a prática de crimes em uma escala maior e mais chocante do que o mundo já teve a infelicidade de saber."

Doze dos acusados foram condenados à morte (incluindo Göring, Ribbentrop, Keitel, Kaltenbrunner, Jodl e Bormann); sete receberam penas de prisão (entre 10 anos e prisão perpétua); três foram absolvidos e dois não foram acusados. Dez das sentenças de morte foram executadas na noite de 16 de outubro, no ginásio do prédio do tribunal, por enforcamento, nas mãos do carrasco, o sargento americano John C. Woods. Seus corpos foram cremados e as cinzas descartadas no rio Isar. Dos outros dois, Göring cometeu suicídio ao ingerir cianeto em sua cela na noite anterior, e Martin Bormann ainda estava listado como desaparecido. Os sete condenados ao encarceramento foram enviados à prisão de Spandau, em Berlim.

Sem cobertura televisiva e sem que o público pudesse estar na sala do tribunal, a imprensa mundial desempenhou um enorme papel na reportagem dos procedimentos e na interpretação das lições a serem aprendidas com o conflito. Mais de 160 escritores, artistas, fotógrafos e cineastas interpretaram as diversas opiniões concorrentes tanto do julgamento quanto da própria guerra. Houve críticas sobre a legitimidade do julgamento (pois a Alemanha não havia assinado a Carta de Londres), acusações de que o tribunal simplesmente fez justiça aos vencedores, e preocupações de que as punições foram *ex-post facto* porque os crimes foram cometidos antes que as novas leis fossem aprovadas. Por outro lado, havia queixas de que os crimes cometidos antes do início da guerra não haviam sido incluídos, que tão poucos nazistas haviam sido processados e que as punições eram, de alguma forma, inadequadas para crimes tão graves. Também houve reclamações de que crimes cometidos pelos Aliados não haviam sido incluídos, particularmente durante a invasão e ocupação soviética da Polônia e o bombardeio dos Aliados que obliterou cidades como Dresden, Colônia e Hamburgo.

Apesar disso, o julgamento do TMI foi considerado como tendo satisfeito o desejo popular de retribuição, e as regras por ele estabelecidas são agora consideradas como o "nascimento do direito internacional [moderno]", tendo informado, entre outros protocolos, a Convenção sobre o Genocídio das Nações Unidas e a Declaração Universal dos Direitos Humanos (ambas de 1948) e a Convenção de Genebra (1949), e como tendo iniciado a criação do Tribunal Penal Internacional permanente, em 1998.

OS JULGAMENTOS "POR ZONA"

Embora tenha sido o mais famoso de todos os julgamentos da Segunda Guerra Mundial, o Primeiro Julgamento de Nuremberg não foi o primeiro nem o último julgamento por crimes cometidos durante o conflito. As quatro potências aliadas, EUA, Grã-Bretanha, França e União Soviética, realizaram outros julgamentos em suas zonas de ocupação, que haviam sido ratificados na Conferência de Potsdam, realizada após o fim das hostilidades. O seu objetivo era julgar oficiais e funcionários do Partido

Nazista de nível inferior. Muitos dos primeiros julgamentos "por zona", particularmente na zona dos EUA, envolveram os assassinatos de soldados Aliados que haviam sido capturados por tropas alemãs ou do Eixo. Os julgamentos na zona americana foram realizados no mesmo tribunal de Nuremberg que o julgamento do TMI, entre dezembro de 1946 e abril de 1949, sob a jurisdição das forças armadas americanas. Somente na zona de ocupação britânica, foram realizados 365 julgamentos, envolvendo mais de 1.000 criminosos de guerra.

Os julgamentos incluíram processos contra os principais industriais, figuras militares, membros da SS e outros. Alguns dos julgamentos prestaram atenção especial à aniquilação pretendida dos judeus sob o regime nazista. No julgamento de Pohl, por exemplo, 18 nazistas, incluindo Oswald Pohl, foram acusados de crimes contra prisioneiros dos campos de morte. O julgamento do *Einsatzgruppen* trouxe casos contra a SS e membros da Gestapo dos "esquadrões da morte" nazistas que foram responsáveis pelo assassinato de aproximadamente um milhão de judeus nos territórios conquistados da Alemanha na Europa Oriental. O Julgamento dos Médicos tratou de médicos e enfermeiras que haviam participado do assassinato de alemães física e mentalmente deficientes, e que haviam realizado experiências médicas em pessoas presas em campos de concentração (ver Capítulo 4). O julgamento final, conhecido como Caso do Alto Comando, foi apresentado com um documento nazista detalhando os pedidos e a aprovação de todas as instituições do Partido Nazista e do governo envolvidas na implementação da Solução Final. Todos os 127 nazistas em julgamento foram considerados culpados. Destes, 12 foram condenados à morte, 25 à prisão perpétua e os demais a longas penas de prisão.

Os militares americanos também sediaram um julgamento em Dachau, onde cerca de 1.200 guardas do campo, unidades da SS e pessoal médico do próprio Dachau e outros campos da área foram julgados por cometerem atrocidades, execuções, conduzirem experiências médicas em detentos do campo, o estabelecimento e operação de câmaras de gás e a participação no massacre de Malmedy, na Bélgica, em dezembro de 1944, quando 750 prisioneiros de guerra foram executados. No total, 1.672 indivíduos foram julgados e 1.416 foram condenados, com 297 condenados à morte por enforcamento e 279 condenados à prisão perpétua.

Na zona britânica, houve julgamentos em Lüneburg, Hamburgo e Wuppertal. Estes julgamentos diferiram dos americanos, pois os britânicos só julgaram os acusados de cometer crimes contra os súditos britânicos. Entre eles, os tribunais militares britânicos apresentaram acusações contra mais de 1.000 réus, incluindo os funcionários do campo de concentração Bergen-Belsen. Dos 45 réus de Belsen, 11 - incluindo o comandante Josef Kramer - foram condenados à morte por enforcamento, enquanto 14 foram absolvidos. Outro julgamento colocou executivos da Tesch & Stabenow - uma empresa que fabricava Zyklon B, o gás venenoso usado para matar judeus nos campos - em frente ao tribunal britânico. Dois dos três réus foram condenados à morte.

Tanto para os franceses como para os soviéticos, as atitudes em relação aos julgamentos do pós-guerra foram moldadas pelo medo e horror da ocupação. Os franceses julgaram mais de 2.000 pessoas, com 104 condenados à morte, embora muitos deles fossem colaboradores e não criminosos de guerra. Os julgamentos russos foram ainda mais dominados pela retribuição pela brutalidade da guerra e da ocupação na Frente Leste. Como vimos, os julgamentos por crimes de guerra soviéticos começaram em 1943. Não há números oficiais disponíveis para o número de pessoas julgadas pelos russos, mas sabe-se que mais de 13.000 soldados foram condenados nesses julgamentos iniciais, e outros 15.000 sofreram o mesmo destino na zona soviética nos anos após a guerra. Embora muitos tenham sido executados, a maioria dos condenados foram, em grande medida, deportados para territórios soviéticos para cumprir suas penas. É justo dizer que os números reais dos julgamentos soviéticos excediam os dos programas de crimes de guerra das outras potências Aliadas.

QUEM MAIS ERA CULPADO?

Também foram realizados julgamentos em outros países que haviam sofrido a ocupação alemã e naqueles que haviam se tornado parte do Eixo, tais como Hungria, Romênia, Bulgária e Iugoslávia. Alguns dos piores crimes de guerra haviam ocorrido na Polônia e nos Estados Bálticos, na Ucrânia e na Bielorrússia. Na Polônia, onde estava situada a maioria dos campos de morte nazistas, os presentes nos tribunais ouviram histórias terríveis de tortura e selvageria desumana que revelaram atos de matança por prazer em Auschwitz, Belzec, Treblinka, Majdanek, Sobibor, Chelmno e em outros campos em todo o país; estimativas colocam o número total de mortes nesses campos em cerca de três milhões de pessoas. Um dos julgamentos mais importantes foi o de Rudolf Höss, o comandante mais antigo de Auschwitz, que foi julgado pelo Supremo Tribunal Nacional polonês em Varsóvia. Ele foi condenado à morte, levado ao campo e executado por enforcamento em frente ao crematório. Um segundo julgamento de Auschwitz, em Cracóvia, emitiu mais 23 sentenças de morte e 17 longas penas de prisão.

Os julgamentos na União Soviética foram bem menos estudados, em parte porque os arquivos soviéticos foram de difícil acesso, e em parte porque muitos dos tribunais foram usados como veículos óbvios de propaganda. Os julgamentos, que começaram novamente em dezembro de 1945 em cidades de toda a União Soviética e seus estados socialistas associados, eram frequentemente bem assistidos, e as punições, muito provavelmente por enforcamento, eram eventos públicos populares nos anos após a guerra. Os julgamentos concentraram-se em atrocidades contra civis soviéticos e prisioneiros de guerra, uma tática que imediatamente anulou as alegações dos réus de serem prisioneiros de guerra. Os tribunais prestaram especial atenção ao Holocausto, especialmente se eles tinham sido realizados em áreas com populações judaicas substanciais antes da guerra, como Kiev, na Ucrânia, Riga, na Letônia e Minsk, na Bielorrússia. Embora a imprensa soviética ainda minimizasse o Holocausto ao referir-se pontualmente aos judeus assassinados como "cidadãos soviéticos", estes julgamentos tornaram-se as primeiras instâncias que revelaram ao público soviético o verdadeiro alcance da tragédia judaica.

O testemunho de Friedrich Jeckeln, comandante da SS para a Ucrânia e as terras bálticas, foi particularmente revelador sobre a campanha nazista contra os judeus e os ciganos na região. Os desejos de Hitler e as ordens de Himmler eram para eliminar todos. Em seu testemunho no Julgamento de Riga, Jeckeln admitiu que era sua responsabilidade cumprir as ordens. Ele começou por liquidar o gueto de Riga, ordenando aos *Einsatzkommandos* e à polícia que assassinassem entre 20.000 e 25.000 judeus, incluindo 8.000 crianças. Em junho de 1942, 87.000 judeus na Letônia haviam sido mortos, muitos por gases. Tinha sido política nazista deportar judeus e ciganos para esta região para liquidação. Jeckeln acabou sendo acusado do extermínio completo de 300.000 cidadãos soviéticos judeus na região do Báltico, bem como 200.000 na Bielorrússia.

Dois generais da Polícia de Ordem também apareceram no Julgamento de Minsk acusados de organização e assassinato de judeus em Minsk e Kiev, embora eles alegassem que haviam sido nomeados para os cargos após a maior parte dos assassinatos ter acontecido. Eberhard Herf relatou os horrores da liquidação do gueto de Minsk durante a qual mais de 80.000 judeus foram assassinados, muitos com barbaridade sádica. Paul Albert Scheer conseguiu lançar luz sobre o massacre de Babi Yar, na Ucrânia, um dos piores do conflito. Em retaliação às explosões que abalaram a cidade de Kiev, em setembro de 1941, toda a comunidade judaica deveria ser morta. Nos dias 29 e 30 de setembro, 33.771 pessoas foram metralhadas e mortas a tiros na beira de um barranco. Seus corpos foram então cobertos com areia antes que o próximo lote de vítimas fosse trazido. Eles morreram nus, pois suas roupas, objetos de valor e dinheiro foram tirados e distribuídos aos alemães étnicos que viviam na região. Este foi um momento chave na busca da Solução Final, pois Himmler percebeu que, para terminar o trabalho, era necessário encontrar métodos mais rápidos de matar.

Os julgamentos também aconteceram em outros lugares da Europa: Bélgica, Holanda, Tchecoslováquia, Áustria e na própria Alemanha. Em dezembro de 1945, os Aliados perceberam a importância de permitir a reabertura dos tribunais alemães. A Lei nº 10 do Conselho de Controle Aliado autorizou o julgamento e a sentença de crimes cometidos durante os anos de guerra por cidadãos alemães contra outros cidadãos alemães ou apátridas. Os primeiros casos perseguidos diziam respeito ao programa nazista de Eutanásia, para matar pessoas com deficiências mentais e físicas, onde tanto as vítimas como os perpetradores tinham maior probabilidade de serem cidadãos alemães.

No final de 1949, a necessidade ardente de punições contra antigos nazistas começou a diminuir, tanto dentro como fora da Europa. Os julgamentos na Grã-Bretanha, França, Austrália, Canadá e Estados Unidos, por exemplo, haviam se tornado poucos e espaçados. Até esta época, o Corpo de Liderança Nazista, a Gestapo, a SA e a SS tinham suportado o peso da justiça Aliada, porque estes eram os principais instrumentos da tirania de Hitler. Foram eles que perpetraram os assassinatos em massa nos campos de concentração e morte; o assassinato e maus-tratos de prisioneiros de guerra e trabalhadores estrangeiros em trabalho escravo; os interrogatórios; as torturas e os experimentos bizarros com cobaias humanas.

Após a cessação do programa de "desnazificação", em 1953 (ver Capítulo 5), o interesse em procurar antigos nazistas começou a desvanecer-se. Muitos tiraram proveito disso, mudando-se para o exterior, muitas vezes para a América do Sul, e começando novas vidas. Mas o interesse em caçar os nazistas nunca desapareceu completamente, e o assunto ia aparecendo na consciência do mundo de tempos em tempos e, como veremos, ainda está muito vivo até hoje.

CAPÍTULO 4

MÉDICOS NAZISTAS

Hittler delineou suas crenças fundamentais sobre a raça e a criação de uma sociedade ariana superior em seu livro *Mein Kampf*, publicado pela primeira vez em 1925. Em 1939, o livro havia sido traduzido para 11 idiomas e vendeu mais de cinco milhões de exemplares. Influenciado pelas discussões sobre darwinismo social e eugenia na Alemanha nos anos pré e pós-guerra, Hitler acreditava que a reprodução cruzada entre diferentes grupos raciais e étnicos estava errada e prejudicaria o desenvolvimento da "raça mestra" alemã, alegando que "a mistura de sangue e a consequente queda no nível racial era a única causa da morte de culturas antigas...". Suas ideias incluíam a classificação das raças em "*über*" e "*unter*" *menschen* (povos superiores e inferiores) e a exploração de um pelo outro. Para ele, isto significava a subordinação à ariana dos inferiores e mais fracos judeus, ciganos, eslavos (poloneses, sérvios, russos) e outros. Também incluía os deficientes físicos e mentais.

Uma vez no poder, Hitler começou a seguir com seriedade suas políticas raciais, instigando uma campanha para limpar a sociedade alemã daqueles que ele considerava como ameaças biológicas à saúde da nação. Para isso, ele precisava da conivência de profissionais de saúde de todos os tipos. Do nosso ponto de vista hoje, a ideia de que a ideologia nazista poderia apelar para médicos e enfermeiros é ridícula. Mas, de acordo com historiadores e sociólogos, nos anos 30, os membros da profissão médica estavam entre os mais ferrenhos apoiadores do regime nazista. Em 1945, 45% deles haviam aderido à Liga dos Médicos Nazistas; no total, 7% dos médicos eram membros da SS (em comparação com 0,5% da população em geral). Há várias razões apresentadas para isto. A propaganda desempenhou um grande papel ao acusar os judeus de contaminarem a saúde da nação e alegar que os médicos judeus, os quais eram muitos, estavam bloqueando a promoção de colegas nascidos na Alemanha. Além de oferecer oportunidades de carreira, a ideologia nazista tinha outros apelos: sua ênfase na biologia e no apoio à pesquisa, sua visão de melhorar a composição genética dos cidadãos alemães na esperança de criar uma sociedade na qual os indivíduos seriam economicamente úteis era atraente e sentida como alcançável por aqueles que acreditavam estar na "vanguarda da ciência" na época.

Em *The Rise and Fall of the Third Reich*, o autor William Shirer descreveu os médicos nazistas que foram muito além dos limites da medicina profissional como "açougueiros psicopatas irracionais", numa tentativa de explicar os horrores e atrocidades pelos quais eles foram responsáveis durante seu trabalho nos campos de concentração. Na realidade, muitos deles eram médicos especialistas no topo de suas áreas. Parece provável que eles foram tentados pela crença nazista de que certas "raças" eram superiores a outras e que a administração científica poderia resolver problemas sociais (impedindo a propagação dos "inaptos"). Havia também a convicção de que a doença mental justificava a esterilização compulsória e que a medida do valor individual deveria ser em termos econômicos (de acordo com a doutrina nazista, era vital reduzir o custo da população "defeituosa" ou não produtiva). Afinal, estas crenças simplesmente refletiam princípios morais utilitários básicos.

A ascensão de Hitler ao poder aproveitou o colapso da economia na Alemanha nos anos que se seguiram à Primeira Guerra Mundial. Imediatamente após a nomeação de Hitler como chanceler, em janeiro de 1933, o regime nazista começou a governar através do medo. Após uma vigorosa campanha na mídia e a suspensão de muita proteção legal, o novo governo focalizou esse medo nos judeus. O fanatismo e o preconceito, por um lado, e a busca de conhecimento sem obstáculos pela consideração de sua fonte, por outro, colaboraram para criar um dos episódios mais cruéis da história da medicina. De acordo com um artigo na revista médica *The Lancet*, de 2012, isto incluiu 350.000 esterilizações forçadas, a eutanásia de 260.00 pacientes psiquiátricos, a prática da eugenia, a medicina racial, novas leis matrimoniais, o assassinato de crianças consideradas "defeituosas" e pelo menos 25.000 experiências em campos de concentração e em prisioneiros. Estima-se que pelo menos 350 médicos estiveram envolvidos nestes experimentos. Sabe-se que pelo menos 2.000 pessoas morreram, enquanto milhares foram permanentemente prejudicadas física e mentalmente como resultado dos métodos cruéis e sádicos usados nelas. Além disso, dezenas de milhares dos corpos dos executados nos campos foram usados para pesquisa e ensino médico.

Os detalhes esquemáticos da escala da operação dos campos de concentração nazistas e dos campos de morte foram acrescentados rapidamente quando os Aliados começaram a libertá-los nos primeiros meses de 1945. O Julgamento dos Médicos de Nuremberg proporcionou o primeiro exame público das condições dentro dos campos e das experiências desumanas e pseudomédicas realizadas em milhares de detentos. O julgamento de 23 médicos, que começou em dezembro de 1946, incluiu o depoimento de 85 testemunhas e o exame de 1.500 documentos. Em sua defesa, os médicos argumentaram que grande parte de seu trabalho envolvia cuidar do pessoal dos campos e que, de qualquer forma, seus crimes não eram culpa deles, já que tinham recebido ordens superiores. Eles acrescentaram que tratá-los como criminosos de guerra seria desastroso para a reputação da pesquisa médica e da ciência, especialmente porque o que eles tinham feito era, de fato, útil. Eles também alegaram que a necessidade militar justificava suas experiências tortuosas, comparando suas vítimas aos danos colaterais dos bombardeios dos Aliados. Os réus também citaram formas similares de experimentação humana que eles disseram ter ocorrido nos EUA, dando nomes e detalhes, mas isso foi ignorado pelos juízes.

Alguns dos experimentos dos médicos nazistas, como os que envolvem alta altitude e hipotermia de sobrevivência, o desenvolvimento de compostos farmacêuticos para combater doenças contagiosas como malária, tifo, tuberculose e assim por diante, e outros relacionados a fraturas e outras feridas de guerra, tiveram propósitos científicos legítimos. Outros, como os relacionados com a criação de uma "raça mestra" e a esterilização de "indesejáveis", não tinham. Para os juízes do julgamento, o fato dos experimentos terem sido realizados sem a permissão dos pacientes e com total desconsideração por seu sofrimento ou sua sobrevivência, significava que os médicos tinham violado as regras da ética médica. Dos médicos em julgamento, sete foram condenados à morte, nove, a longas penas de prisão e sete foram absolvidos.

O ANJO DA MORTE

Josef Mengele, o médico mais estreitamente associado aos terríveis experimentos médicos realizados nos campos de concentração sem o consentimento dos pacientes, representa perfeitamente a dicotomia.

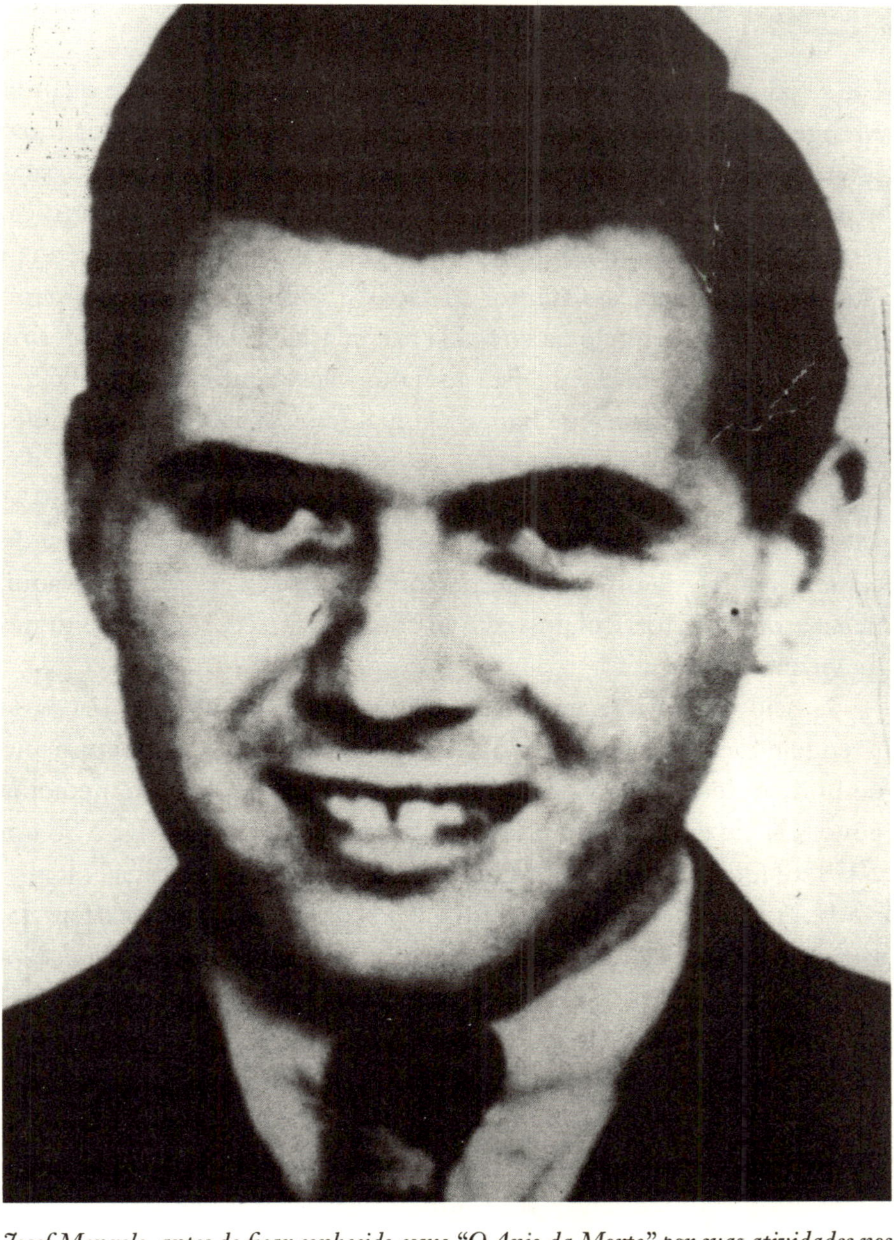

Josef Mengele, antes de ficar conhecido como "O Anjo da Morte" por suas atividades nos campos de morte nazistas. A foto foi tirada por volta de 1940.

Ele se considerava um cientista sério, e seu filho relatou que quando Mengele deixou Auschwitz, em 1945, fugindo por sua vida, quando o Exército Vermelho se aproximava, levou consigo os resultados de suas experiências, ainda imaginando que eles lhe trariam honra científica. Este é o mesmo homem descrito a seguir na sala de dissecação em Auschwitz por seu "assistente" Miklos Nyiszli, um médico romeno escolhido por Mengele na chegada por causa de suas habilidades na realização de *post mortems*: "Era aqui que ele se sentia melhor! Daqui se podia ver as pilhas em chamas. Aqui a fumaça subia das chaminés do crematório. Aqui as paredes reverberavam com os gritos das pessoas assassinadas e o som das armas dos assassinos. Aqui, o Dr. Mengele vinha após cada seleção e cada execução de sangue. Devido à sua loucura "científica", ele passou todo o seu tempo livre aqui, nesta atmosfera terrível, instruindo-me a abrir os corpos de centenas de vítimas inocentes".

Nascido na Baviera, em uma família próspera, em 1911, a criação de Mengele foi conservadora e católica, mas imbuída do antissemitismo comum ao tempo e ao lugar. Estudante de antropologia e medicina genética, ele entrou para o Partido Nazista em 1937 e para a SS em 1938, tendo se tornado um crente na ideia de higiene racial alemã.

Foi recrutado para o exército em 1940, servindo nas Waffen-SS. É relatado que sua unidade, a Quinta Divisão Blindada SS, estava envolvida em atrocidades contra judeus na Ucrânia, e parece provável que ele tenha testemunhado violência extrema contra soldados e civis, talvez se acostumando a ela. Em abril de 1943 ele foi promovido a capitão da SS, e no mês seguinte foi colocado em Auschwitz, como médico no campo Cigano de Auschwitz-Birkenau. Em agosto de 1944, os 4.500 habitantes do campo Cigano foram aniquilados nas câmaras de gás e queimados. Mengele tornou-se então médico chefe em Birkenau (Auschwitz II).

Além de seu trabalho "médico", Mengele era responsável pela seleção. Sempre que um trem chegava a Auschwitz, aqueles dentro dos vagões eram soltos na "rampa", agarrando seus pertences mundanos e uns aos outros. Primeiro ordenavam que deixassem suas bagagens, depois eram divididos em duas linhas pelo SS *Hauptsturmführer* Mengele: os da direita estavam destinados a ir para o campo de trabalho escravo; os da esquerda para as câmaras de gás. Estima-se que Mengele tenha enviado 400.000 judeus para a morte entre 1943 e 1945.

Ansioso para fazer o seu nome no campo da medicina, Mengele quis procurar os segredos da hereditariedade. De acordo com a doutrina nazista, o futuro da Alemanha poderia se beneficiar da ajuda da genética. Se as chamadas mulheres arianas pudessem dar à luz gêmeos que certamente seriam loiros e de olhos azuis, o futuro poderia ser salvo. Na primeira fase de suas experiências, Mengele submeteu pares de gêmeos e pessoas com deficiências físicas a exames médicos especiais que poderiam ser realizados sobre o organismo vivo. Dolorosos e exaustivos, estes exames duravam horas e eram uma experiência difícil para crianças famintas e aterrorizadas. Os sujeitos eram fotografados, moldes de gesso eram feitos de seus dentes e mandíbulas, e suas impressões digitais e digitais dos pés eram tiradas. Assim que os exames de um determinado par de gêmeos eram concluídos, Mengele ordenava que eles fossem mortos por injeção de fenol, para que ele pudesse conduzir uma análise comparativa dos órgãos internos por autópsia. Espécimes anatômicos cientificamente interessantes foram preservados e enviados para o Instituto de Berlim-Dahlem para um exame mais detalhado. Ele também teve outras áreas de interesse e realizou experimentos com mulheres grávidas de gêmeos, em nanismo, o tratamento do noma - um tipo de gangrena da boca comum nos ciganos - durante o qual serrava as cabeças dos prisioneiros infectados e enviava as amostras preservadas para a Alemanha para estudo. Embora não fosse oftalmologista, ele ficou fascinado pelo fenômeno de pessoas com olhos de cores diferentes, enquanto tentava descobrir um método para produzir olhos azuis arianos.

Em 17 de janeiro de 1945, Mengele deixou Auschwitz e se transferiu para o campo de concentração Gross-Rosen, na Baixa Silésia (agora na Polônia), levando consigo duas caixas de amostras e os registros de suas experiências em Auschwitz (ver Capítulo 10). Duas semanas mais tarde, o campo foi liberado pelo Exército Vermelho e os detalhes dos verdadeiros horrores que ali havia acontecido começaram a vazar.

DA SAÚDE AO INFERNO

O Sanatório Hohenlychen foi aberto em 1902 como um pequeno bloco residencial com 30 leitos e instalações rudimentares. Levava crianças que sofriam de tuberculose para fora de Berlim, a 90 km ao sul, e lhes oferecia ar fresco abundante em uma paisagem de lagos, florestas de pinheiros e bosques de faias. Na década de 1920, o edifício havia se tornado um renomado complexo de saúde com mais de 500 quartos de hóspedes e centros especializados tratando de uma série de enfermidades. Seu cenário romântico de prédios de conto de fadas, à beira do Lago Zenssee, atraiu celebridades internacionais ao longo dos anos entre as guerras. A realeza, as estrelas de cinema e os políticos aproveitavam o isolamento e os cuidados médicos insuperáveis que ali estavam disponíveis.

Nos primeiros anos do Terceiro Reich, Hohenlychen se especializou cada vez mais no novo conceito de medicina esportiva. O pugilista campeão mundial alemão, Max Schmeling, treinou para suas investidas de volta em meados dos anos 30. No período que antecedeu as Olimpíadas de 1936, a equipe alemã fez seus últimos preparativos para a vitória nos ginásios da clínica, piscinas e extensos terrenos. Até mesmo Jesse Owens fez uma peregrinação até lá para receber algum tratamento em sua cartilagem do joelho. Seu cirurgião era o Dr. Karl Gebhardt, o médico esportista líder na Europa na época, um homem que teve a honra de ser médico sênior nos Jogos de Berlim. Ele havia fundado a clínica esportiva em Hohenlychen e foi pioneiro em novos métodos de cirurgia ortopédica e reabilitação. Em 1945, porém, Gebhardt seria notório pelos horrendos abusos médicos que supervisionou tanto em Hohenlychen como a poucos quilômetros de distância, no campo de concentração para mulheres em Ravensbrück.

Em 1940, Gebhardt ocupou vários cargos de alto nível no estabelecimento médico do Terceiro Reich, principalmente atuando como cirurgião-chefe da SS. Através de sua amizade com Himmler, ele também desfrutou da confiança de muitos membros do alto escalão nazista. Mas tudo o que ele havia conseguido foi ameaçado em 1942 por seu mau trato com um paciente muito especial, o chefe da segurança do Reich, Reinhard Heydrich. Em 27 de maio, o protetor nazista da Boêmia e Morávia foi gravemente ferido quando uma granada antitanque foi lançada em seu carro por partidários tchecos. Embora dois cirurgiões alemães em serviço em Praga tenham rapidamente conseguido estabilizar a condição de Heydrich, Gebhardt foi enviado por Himmler para assumir o controle da situação. Seis dias após o ataque, Heydrich parecia estar fazendo uma boa recuperação. Gebhardt estava reclamando todo o crédito, recusando a ajuda de outros médicos nazistas seniores, incluindo o médico pessoal de Hitler, Theo Morell. Ele ignorou a sugestão de Morell de experimentar o novo medicamento antibiótico sulfonamida, colocando sua fé no tratamento tradicional da morfina e na enfermagem atenta. Infelizmente para Gebhardt, a bomba que tinha destruído o Mercedes 320 conversível de Heydrich tinha pedaços dos estofados do carro e pelos de cavalo. A sepse se instalou e o favorito de Hitler morreu no dia 4 de junho. Gebhardt foi o culpado. Apesar deste revés, ele estava determinado a encontrar uma maneira de restaurar sua reputação aos olhos de seus poderosos patronos.

AS COELHAS RAVENSBRÜCK

As mulheres que Gebhardt precisava vinham em grupos de dez. Algumas chegavam de caminhão; outras eram forçadas a viajar os 11 km de Ravensbrück até Hohenlychen a pé. Quando chegavam ao quarteirão cercado do resto do complexo, encontravam seus novos tormentos: Dr. Fritz Fischer, ex-cirurgião militar do regimento de elite SS que serviu como guarda-costas do Führer; e Herta Oberheuser, médica da Liga das Criadas Alemãs e especialista em dermatologia com um grande interesse em vivissecção. Ela gostava de chamar suas vítimas, principalmente as polonesas, de "coelhas". Ludwig Stumpfegger, que mais tarde se tornou cirurgião pessoal de Hitler, serviu como ajudante de Gebhardt e se certificou de que os procedimentos fossem totalmente registrados.

No devido tempo, as "coelhas" eram amarradas e preparadas para a "experiência". Algumas das mulheres tiveram a sorte de serem sedadas; outras foram simplesmente amordaçadas ou sofreram concussão. Incisões profundas eram feitas ao longo do comprimento de seus músculos da panturrilha. Algumas tiveram sua tíbia ou fíbula quebrada e o tecido ao redor do osso exposto foi arrancado. Uma série de contaminantes era então introduzida em suas feridas. Várias bactérias, soluções químicas aleatórias e misturas de fezes e urina eram injetadas em alguns dos membros das "coelhas"; outras tinham pedaços de madeira estilhaçada, vidro estilhaçado e moído, e fios de tecido sujo esfregados em sua carne danificada. O pus era, às vezes, introduzido na corrente sanguínea para acelerar a taxa de infecção. Uma vez que as vítimas adoecessem devido à sepse, diferentes quantidades de sulfonamida eram administradas e a velocidade e eficácia da droga era medida. Inevitavelmente, muitas das "coelhas" submetidas a estas experiências bárbaras pereceram: cerca de um terço morreu logo após seu abuso. A maioria das sobreviventes sofreram deficiências físicas e traumas psicológicos para o resto de suas vidas. Nos casos em que as vítimas eram consideradas inviáveis, a Dra. Oberheuser estava disponível para encerrar suas vidas injetando hexobarbital em uma solução de óleo. Mais tarde, ela alegou estar agindo com intenção humanitária. As sobreviventes lembraram, ao invés disso, do prazer que ela tinha em assistir à morte lenta de suas "pacientes" ainda conscientes e envenenadas.

Gebhardt e seus colegas, mais tarde, afirmaram que suas experiências obscenas durante o verão de 1942 tinham uma razão médica. Eles estavam simplesmente replicando as feridas do campo de batalha que muitos militares alemães estavam sofrendo rotineiramente na Frente. O verdadeiro objetivo das experiências de Gebhardt, no entanto, era desacreditar a sulfonamida e justificar as decisões que ele havia tomado em Praga vários meses antes, e assim reconquistar a confiança dos líderes nazistas. Seu estratagema foi bem-sucedido, sua reputação foi assegurada e outras promoções foram seguidas. Ele continuou a encorajar a desconfiança em relação aos antibióticos entre seus colegas médicos militares até o final da guerra, enfraquecendo gravemente a Wehrmacht no processo.

RETRIBUIÇÃO

Em maio de 1945, Gebhardt fugiu para o Norte, em direção à fronteira dinamarquesa, como parte da comitiva bem armada de Himmler. Quando foi preso pelos britânicos, ele estava tentando chegar a Bremerhaven, onde esperava entrar a bordo de um navio com destino a Portugal. Seu destaque durante os anos do Reich e sua particular proximidade com Himmler foram levados em consideração pelos juízes no Julgamento dos Médicos, em Nuremberg. Os juízes já estavam horrorizados com o histórico profissional de Gebhardt, que acabou por incluir tentativas grosseiras de prender membros amputados de prisioneiros moribundos a militares alemães feridos. Gebhardt foi enforcado na prisão de Landsberg, em 1948. Seu assistente, Fritz Fischer, foi condenado a prisão perpétua em 1947. Fischer se beneficiou com a mudança da atmosfera na Alemanha dos anos 50. Sua pena foi primeiramente reduzida para 15 anos, mas ele acabou sendo libertado em 1954. Ele rapidamente construiu uma nova carreira dentro do conglomerado farmacêutico Boehringer Ingelheim e viveu até a idade madura de 90 anos.

Herta Oberheuser pode ter sido insensível e brutal com suas "coelhas", mas apresentou um quadro muito diferente aos juízes de Nuremberg quando esteve no banco dos réus, a única mulher acusada de crimes contra a humanidade no Julgamento dos Médicos. Ela usou grande parte de sua feminilidade, argumentando que nenhuma mulher teria realizado de bom grado os monstruosos crimes em sua folha de acusação. Ela só tinha participado das experiências sinistras de Gebhardt na esperança de que seu trabalho pudesse salvar as vidas de jovens soldados alemães. Condenada a 20 anos de prisão, ela foi libertada de Landsberg em 1952 por causa de sua conduta exemplar.

O assíduo guarda de notas de Gebhardt, Ludwig Stumpfegger, foi nomeado médico residente na sede de Hitler, na Prússia Oriental, em outubro de 1944. A partir de então, seu destino estava ligado ao de Hitler: seu último posto foi no Führerbunker, no coração de Berlim. Ele foi morto ao lado de Martin Bormann, tentando romper as linhas soviéticas na noite de 1-2 de maio de 1945. Seus restos mortais foram encontrados por trabalhadores da construção civil em dezembro de 1972 e identificados algumas semanas depois. Ambos os crânios continham fragmentos de uma cápsula de vidro que continha cianeto.

EXPERIMENTOS VIS

Em outro lugar da máquina de guerra nazista, outro grupo de médicos estava ocupado em pesquisas de valor científico duvidoso e de

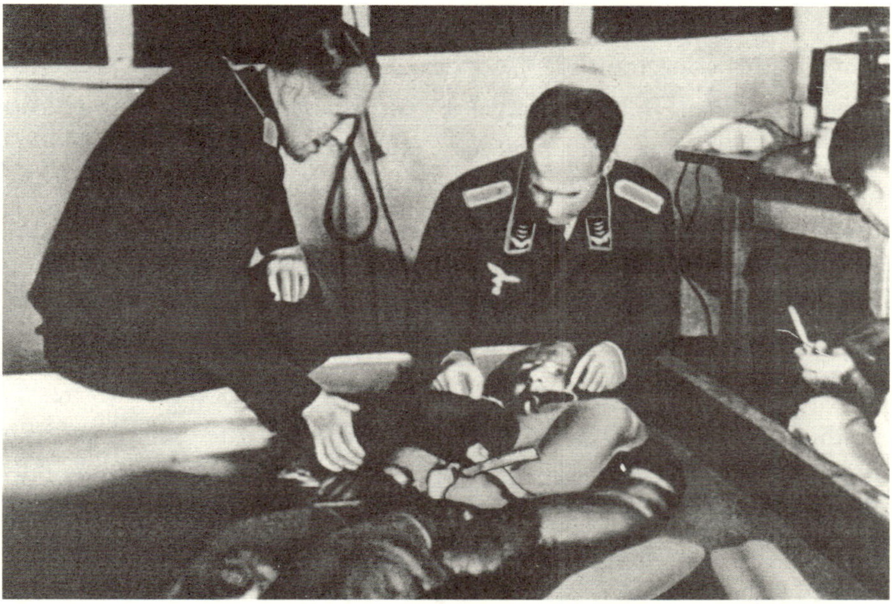

Uma experiência desumana de hipotermia conduzida por Ernst Holzlöhner (l) e Sigmund Rascher em nome da Luftwaffe no campo de concentração de Dachau: cobaias humanas foram forçadas a submergir por até três horas em uma banheira de água gelada, 1942-43.

desumanidade aterradora. Ao contrário do cenário silvestre desfrutado por Gebhardt e seus associados, estes praticantes nazistas fizeram suas experiências assassinas em meio à miséria do campo de prisioneiros construído para prender os inimigos políticos de Hitler em Dachau, 32 km ao norte de Munique. Ali, vários médicos, alguns de renome internacional, se ocuparam de examinar três áreas de interesse médico e militar: o impacto da alta altitude, baixa temperatura e desidratação sobre o corpo humano. Como seus colegas em Hohenlychen, eles estavam comprometidos com os valores raciais do nacional-socialismo e com o esforço de guerra alemão. Como resultado, eles se sentiram capacitados a tratar os sujeitos de suas pesquisas como menos que humanos: meros *Untermenschen*. As experiências cruéis em Dachau foram de particular interesse para o Alto Comando da Luftwaffe, que estava muito consciente de estar envolvido em uma guerra desesperada de números contra as forças aéreas Aliadas. Esse Alto Comando perava que a ciência médica pudesse encontrar maneiras de aumentar as taxas de sobrevivência de tripulações valiosas e experientes que eram frequentemente feridas em combate em altitudes elevadas e enfrentavam a queda a altas velocidades em aeronaves danificadas. Além disso, já estava claro que o futuro da guerra aérea pertencia às aeronaves a jato capazes de operar em altitudes cada vez mais elevadas. Qualquer informação que pudesse ser obtida sobre as reações humanas nestas condições seria útil. Outra preocupação da Luftwaffe era o crescente número de tripulantes aéreos que estavam aterrissando e perecendo nas águas frias e inóspitas do Atlântico, do Mar do Norte e do Báltico. Após a desastrosa intervenção precoce do "General Inverno" - apelido usado para descrever as mortais geadas soviéticas - na campanha russa no final de 1941, informações sobre o impacto fisiológico do frio extremo sobre os combatentes também interessaram à Wehrmacht.

ALTO, BAIXO E FRIO

O plano para empreender uma série de testes sobre os efeitos da alta altitude e baixa temperatura foi originalmente o idealizado por Erich Hippke, médico geral da Luftwaffe. Ele encontrou apoio para suas ideias no professor Ernst Holzlöhner, da Universidade de Kiel, um acadêmico e importante oficial da SS. Grande parte do trabalho em Dachau foi organizado e supervisionado por um médico da Luftwaffe, Dr. Sigmund Rascher, um membro ambicioso da SS, cujos interesses de pesquisa se confundiam com os objetivos do projeto. O apoio político, dinheiro e recursos necessários vieram de Himmler. O *Reichsführer* da SS também forneceu os prisioneiros eslavos, na sua maioria homens, que seriam usados e assassinados no decorrer das experiências. Quando chegava sua hora, eles eram levados para o quartel militar nº 5, que continha uma câmara de pressão e uma sala de dissecação. Ao reduzir a pressão na câmara, era possível simular as condições enfrentadas por um piloto que tentava saltar de paraquedas de um avião danificado, voando a uma altitude extrema. O aumento do nível de pressão simulava rapidamente as condições vividas em queda livre. O impacto sobre o sujeito era geralmente letal, mas tanto os mortos quanto os vivos eram submetidos à dissecação imediata na sala adjacente. Rascher alegou ter procurado medir o impacto da mudança repentina de pressão sobre o coração, pulmões e cérebro da vítima. Sabe-se que cerca de 80 prisioneiros encontraram sua morte nestes testes entre fevereiro e maio de 1942.

Rascher também esteve envolvido nas experiências de congelamento destinadas a identificar formas de tratamento de tripulantes e tropas que sofriam de hipotermia. Ao longo de agosto de 1942, prisioneiros selecionados em Dachau foram imersos em água quase congelada até quase a morte; então, tentativas eram feitas para reanimá-los usando água aquecida através de uma gama de temperaturas. Algumas vítimas condenadas foram "revividas" ao serem mergulhadas em água fervente. Himmler se interessou pelo projeto e, pensativamente, forneceu a Rascher quatro mulheres romenas de Ravensbrück; ele queria ver se os homens profundamente resfriados poderiam ser mais bem aquecidos pelo "calor animal" natural gerado por ter mulheres nuas deitadas de ambos os lados. Antes de ser liberado pela Luftwaffe, em agosto de 1943, Rascher havia passado a investigar formas de reduzir o sangramento de ferimentos de bala. Agora visto como psicótico aos olhos de muitos de seus colegas, sua "experiência" na busca por um medicamento pensado para fazer o sangue coagular mais rápido consistia simplesmente em atirar num prisioneiro à queima-roupa e, depois, administrar um comprimido.

HIMMLER HUMILHADO

Apesar de sua alta posição na estrutura de comando médico nazista e do fato de ter concebido e autorizado as experiências da "Luftwaffe", Erich Hippke conseguiu evitar o Julgamento dos Médicos. Alegando doença e exaustão, ele se demitiu de seu posto militar superior no outono de 1944 e manteve-se discreto em seguida. Ele só foi descoberto em dezembro de 1946, em Hamburgo, onde trabalhava como médico de família e como médico de trabalho para a empresa ferroviária subterrânea da cidade. Ele apareceu brevemente em Nuremberg, mas como testemunha de acusação. Nos últimos anos de sua carreira pós-guerra, ele aconselhou a força aérea da Alemanha Ocidental sobre como reconstruir e modernizar seus serviços médicos.

A lealdade inquestionável de Ernst Holzlöhner aos ideais do Partido Nazista foi recompensada quando ele foi nomeado reitor da Universidade de Kiel, em abril de 1945. Mas ele teve pouco tempo para desfrutar de seu novo cargo, pois passou grande parte dos dois meses seguintes sendo interrogado pelos procuradores Aliados sobre suas atividades em Dachau. Percebendo que estava profundamente implicado nas atrocidades médicas de lá, ele tirou a própria vida em junho em vez de esperar para ser enforcado pelos britânicos.

Até então, Sigmund Rascher já estava morto, executado não pelos Aliados, mas pela SS. Sua estreita amizade com Himmler tinha se baseado no fato de que ele e sua esposa celebridade, uma ex-cantora e possivelmente ex-amante de Himmler, Karoline, tinham três filhos jovens, todos impecavelmente arianos e todos nascidos quando ela estava no final dos 40 anos, pelo menos. Os Raschers eram a prova viva de que o estilo de vida nazista, com sua ênfase no bem-estar, exercício e valores germânicos, era saudável e frutífero. Infelizmente, esta miragem evaporou quando a Sra. Rascher foi presa na estação ferroviária principal em Munique, tentando sequestrar uma criança pequena, masculina e de olhos azuis. Ele deveria ser apresentado como o produto de sua quarta gravidez falsa. Himmler foi humilhado e ultrajado. Os Raschers passaram os últimos meses de suas vidas atrás de arame farpado. Karoline foi enforcada depois de tentar escapar de Ravensbrück; Sigmund foi baleado pela SS em Dachau três dias antes do acampamento ser liberado, no final de abril de 1945.

UM HISTÓRICO DE INFECÇÕES

O povo alemão entendeu muito bem a conexão íntima entre a guerra e a doença. A memória popular registrou que as infecções tiraram mais vidas durante a Guerra dos Trinta Anos do que todos os exércitos estrangeiros que se espalharam pela terra durante os primeiros anos do século XVII. Os professores alemães apreciavam horrorizar seus alunos com histórias sobre a epidemia de *Fleckfieber* ou Febre Maculosa no inverno de 1812-13: os remanescentes da *Grande Armée* de Napoleão tinham vestido as roupas de seus camaradas mortos e levado a infecção para dezenas de cidades alemãs enquanto lutavam de volta para a França. Durante a Primeira Guerra Mundial, o exército alemão na Rússia e os austríacos nos Bálcãs sofreram pesadas perdas por causa do tifo. O surto de tifo na Polônia ocupada pelos nazistas, em 1941, e novamente dentro do Reich, no outono de 1942, chocou Himmler, que foi responsável pelo fornecimento de homens saudáveis o suficiente para o esforço de guerra alemão. Assim, ele exortou os militares a estabelecerem contato com as empresas farmacêuticas alemãs e encorajou os oficiais médicos dentro do sistema de campos de concentração a fazerem bom uso dos recursos humanos à sua disposição.

Em dezembro de 1941, o Dr Erwin Ding-Schuler era chefe do departamento de higiene da Waffen-SS e responsável pela pesquisa do tifo em Buchenwald, embora ele tivesse pouca experiência específica em pesquisa médica. Sua promoção deveu-se mais à sua reputação de lealdade e ardor como membro da Death's Head Division da SS, mais seu envolvimento voluntário no assassinato do problemático oposicionista Pastor Paul Schneider, em 1939. De fato, a experimentação que ocorreu nos blocos 46 e 50 de Buchenwald foi realizada por um grupo de prisioneiros selecionados, com formação científica. Os "resultados da pesquisa" foram coletados, analisados e escritos por Eugen Kogon, um intelectual socialista cristão excepcionalmente capaz que passou os seis anos inteiros da guerra como prisioneiro no campo. O papel de Ding-Schuler era simplesmente autorizar o trabalho e receber os créditos pelos resultados.

Durante o inverno de 1942-43, pouco menos de mil detentos de Buchenwald foram injetados com bacilos de tifo e, depois, com vacinas não testadas. Mais de 600 destas cobaias humanas descartáveis morreram, e das restantes, a maioria sofreu danos médicos e neurológicos de longo prazo. Nos últimos dois anos da guerra, vários artigos de pesquisa sobre tifo, febre tifoide e febre amarela apareceram nos periódicos acadêmicos do Reich. Eles levavam o nome de Ding-Schuler, mas na verdade foram escritos pelo escrivão-prisioneiro Kogon. Com o tempo, desenvolveu-se uma relação entre os dois homens que ia além das normas dos regulamentos dos campos de concentração. Eles falavam sobre assuntos cotidianos, como suas vidas antes da guerra, suas famílias e, mais perigosamente, o futuro da Alemanha após a guerra. Nos primeiros dias de abril de 1945, Ding-Schuler soube que o nome de Kogon estava em uma lista de morte da SS e conseguiu que seu "colega" fosse contrabandeado para fora do campo em uma caixa de armazenamento. Ding-Schuler cometeu suicídio em agosto, durante interrogatório por pessoal dos EUA. Eugen Kogon sobreviveu para se tornar um dos grandes escritores e pensadores que moldaram a ideia do pós-guerra de uma Europa democrática unida.

O ENIGMÁTICO DR. CLAUBERG

Ao longo dos anos de 1924 a 1939, havia pouco que sugerisse que o Dr. Carl Clauberg era um nazista especialmente fanático, ou um sádico cruel. Seu pensamento foi influenciado pelas crenças contemporâneas na eugenia racializada, mas isso ainda era comum na maioria dos países avançados da época. Ele se tornou membro do Partido Nazista após a ascensão de Hitler ao poder, em 1933, mas isso era obrigatório para todos os cidadãos profissionais que esperavam avançar sua carreira na Alemanha totalitária. Clauberg seguiu tranquilamente uma carreira de sucesso em ginecologia e obstetrícia, trabalhando em clínicas dentro das universidades de Kiel e Königsberg, publicando artigos acadêmicos úteis em sua área que atraíram alguma atenção internacional, e concebendo um procedimento confiável, o Teste de Clauberg, para medir a atividade hormonal nas mulheres. Como requerido, ele se juntou às organizações partidárias que supervisionavam sua profissão de professor universitário, e serviu como socorrista em uma unidade local das Tropas de Assalto. Fotografias dele retratam um homem rotundo e monacal com um sorriso enigmático.

Sua monstruosa transformação pessoal e profissional começou em março de 1941, quando ele tornou-se amigo de Heinrich Himmler. Desde seus dias na prisão de Landsberg, Hitler sonhava em criar um Grande Reich alemão que se estendia desde o oceano alemão, que os britânicos irritantes chamavam de Mar do Norte, até as margens ocidentais do Mar Cáspio, no limite da Ásia. O império englobaria todos os povos europeus que Hitler acreditava terem elementos raciais e culturais germânicos em sua identidade, como os alsacianos, flamengos, holandeses, dinamarqueses e noruegueses. Nas planícies orientais que seriam logo retiradas da União Soviética, a terra seria repovoada por uma elite ariana de fazendeiros-guerreiros, mestres sobre os pacíficos povos eslavos remanescentes. Os acontecimentos na Polônia desde a vitória da Blitzkrieg, em 1939, foram encorajadores, mostrando como era fácil decapitar e desmoralizar uma nação exterminando sua intelectualidade e liderança militar. Os eslavos ainda seriam necessários para cumprir seu destino histórico como uma subclasse servil. Entretanto, seria essencial limitar seus números estritamente de acordo com as exigências econômicas. E seria necessário encontrar maneiras de controlar sua capacidade de procriar e assim minimizar seu potencial de poluir a pureza racial de seus mestres arianos. A experiência de Clauberg no campo da fertilidade, de repente, tornou-o de grande interesse para os mais altos do Reich.

ESTERILIZANDO AS MULHERES ESLAVAS

A tarefa de Clauberg era simples e brutal: ele deveria desenvolver métodos viáveis para tornar a mulher eslava estéril, mais rápidos e baratos do que a cirurgia. E era essencial que o processo de esterilização não reduzisse o valor e a eficiência do trabalho das mulheres. Qualquer coisa que ele descobrisse, naturalmente, também seria útil na campanha em andamento para erradicar a raça hebraica. Clauberg realizou seu trabalho em Birkenau e no campo central em Auschwitz, depois em Ravensbrück, como o Exército Vermelho avançou para o Oeste em 1944. Seu programa de pesquisa envolvia a injeção de uma série de líquidos ácidos e cáusticos no útero e nos ovários de suas súditas. Após várias aplicações, o tecido inflamado e irritado das trompas se fundia e impedia a passagem de espermatozoides. Para descartar a possibilidade de perda de tempo e recursos em mulheres que eram naturalmente inférteis, Clauberg selecionou mulheres casadas com experiência de várias gestações bem-sucedidas. A maioria dessas mães eram judias ou ciganas. No entanto, várias meninas virgens, na cúspide da puberdade, também foram usadas como um "grupo de controle" a longo prazo.

Estes procedimentos odiosos eram excepcionalmente dolorosos e, por razões de custo, muitas vezes, eram realizados sem anestesia. Aproximadamente 700 mulheres foram submetidas a estas esterilizações forçadas, um número desconhecido das quais morreu devido à falência de múltiplos órgãos. A maioria das vítimas sobreviveu, mas foram mutiladas e traumatizadas para o resto de suas vidas. Algumas sobreviventes foram mortas, de modo que foi possível realizar autópsias completas e remover os tecidos afetados para exame posterior. Clauberg também estava interessado na possibilidade de queimar os ovários de mulheres alvo usando radiação de raios X excessiva, uma técnica ativamente perseguida por vários colegas em Auschwitz. Entretanto, ele preferiu seus próprios métodos de injeção por serem mais baratos, mais simples e não exigirem equipamentos volumosos, caros e complicados. Em um alegre comunicado a Himmler, ele se vangloriou de que um médico com dez operadoras treinadas poderia esterilizar 1.000 mulheres "indesejáveis" em um dia.

Após a guerra, ficou claro que qualquer padrão ético que Clauberg havia mantido em sua carreira antes da guerra havia se desintegrado completamente durante seu tempo trabalhando no Bloco 30 de Birkenau e no Bloco 10 de Auschwitz. À dor física e emocional que ele infligia a suas vítimas, ele se deleitava em acrescentar mais camadas de terror e humilhação. Os sobreviventes lembraram de sua crueldade excepcional para com suas pacientes assustadas e do prazer que ele tinha em agravar o medo e o tormento delas. Ele "brincava" que, depois que suas experiências fossem concluídas, elas só seriam úteis para os piores detentos do campo. Ele confidenciou a outras que havia injetado esperma animal nelas e que agora elas carregavam o feto de um monstro híbrido. Quando o Reich desabou, em 1945, Clauberg desapareceu, mas no início de junho ele foi preso pelos Aliados em uma pequena vila de pescadores perto da fronteira com a Dinamarca. Ele acabou sendo condenado pelas autoridades soviéticas a 25 anos de prisão pelo assassinato de cidadãos soviéticos em Auschwitz. Libertado em 1955 como parte do acordo da Alemanha Ocidental com a URSS, ele tentou ressuscitar sua carreira como ginecologista de pesquisa em sua antiga clínica em Kiel, mas ficou claro que ele era agora um alcoólatra, profundamente perturbado e se comportando de "maneiras anormais". Ele falava aberta e orgulhosamente sobre suas atividades em tempos de guerra, e zombava publicamente dos sobreviventes do campo que exigiam a retirada de sua licença para praticar e ensinar medicina. Ele morreu de um derrame em 1957, enquanto enfrentava novas acusações sob a lei da Alemanha Ocidental.

CURA DE HOMOSSEXUAIS

Não havia lugar para a homossexualidade na visão do mundo nazista. Tinha havido um breve, mas limitado florescimento da cultura gay em Weimar Berlim, mas com a assunção do poder por Hitler, em 1933, os homossexuais foram novamente perseguidos e levados a esconder quem eles eram. Os clubes e revistas gays dos anos 1920 foram fechados. A antiga lei romano-cristã contra a "fornicação não-natural", conhecida como Parágrafo 175 no código legal de Bismarck, foi aplicada. Nos 12 anos do Reich nazista, mais de 60.000 homens alemães foram encarcerados em prisões e campos de concentração como punição por suas preferências naturais. Os homens alemães gays estavam há muito tempo sujeitos ao preconceito casual e à discriminação que era comum na maioria das sociedades ocidentais da época, mas a opressão nazista da homossexualidade era motivada por motivos políticos e ideológicos muito mais profundos. A própria fundação da nação nacional-socialista era a tradicional unidade familiar, na qual o dever fundamental do homem e da mulher era procriar e assim garantir a saúde, o progresso e a vitória final da raça germânica. Os teóricos nazistas com uma visão simplista e binária da sexualidade argumentavam que os homens homossexuais estavam abdicando de seu dever racial de contribuir para a nação.

O *Reichsführer* Himmler ficou muito irritado com a questão. Ele estava ciente de que a perda de tantos homens jovens na Grande Guerra era uma das causas do número decepcionante de crianças alemãs nascidas durante os anos entre as guerras. A Alemanha não estava criando pessoas suficientes para satisfazer suas necessidades econômicas e militares, nem para cumprir seus objetivos imperialistas. Em sua opinião, os homossexuais, como judeus e comunistas, eram outra ameaça subterrânea para o futuro do povo alemão. Himmler se consolou, entretanto, com a crença popular predominante de que a condição era uma doença, talvez o resultado de um desequilíbrio hormonal. Podia, portanto, ser tratada e curada, razão pela qual ele estava interessado em conhecer um nacional-socialista dinamarquês, o Dr. Carl Peter Vaernet.

EXPERIÊNCIAS DE FRANKENSTEIN

No final de 1943, Vaernet e sua família haviam se mudado para Berlim. Conhecido como um nazista ardente, o consultório médico de Vaernet, em Copenhague, tinha encolhido durante a ocupação alemã da Dinamarca, quando os dinamarqueses patrióticos evitavam sua clínica. Ele também estava sob investigação pela venda ilegal de morfina. Vaernet tinha estudado distúrbios hormonais enquanto estudante e tinha um palpite de que a homossexualidade era causada pela falta de testosterona. Seu tratamento acabou sendo tão rude quanto sua "teoria" mal informada. Com o apoio de Himmler e Ernst Grawitz, o chefe dos médicos da SS, Vaernet começou a trabalhar em Buchenwald, em junho de 1944, em seus bizarros experimentos Frankenstein. Seus relatórios registram que ele tratou um total de 17 pacientes durante os próximos cinco meses. A maioria era homossexual, com vários homens heterossexuais agindo como um grupo de controle. As "glândulas" artificiais foram inseridas no lado direito da virilha de cada homem. Algumas testemunhas, mais tarde, lembraram que as glândulas eram tubos metálicos; outras falavam de Vaernet usando cápsulas de baquelite. As glândulas possuíam uma válvula que injetava testosterona no paciente em intervalos regulares ao longo de vários dias. Uma testemunha lembrou-se de ver Vaernet injetar testosterona diretamente nos testículos de um paciente. Em um relatório para Grawitz, de outubro de 1944, Vaernet também relatou que dois homens haviam sido castrados e um terceiro esterilizado.

Dois dos 17 homens morreram, um por exaustão, o outro por infecção, mas ambos foram realmente vítimas de uma cirurgia mal feita e de condições terríveis. Sem surpresas, as cobaias sobreviventes de Vaernet lhe disseram o que ele queria ouvir. O tratamento tinha aumentado sua autoconfiança, aumentado sua força corporal e erradicado seus impulsos homossexuais, alegavam eles. Muitos deles haviam sido presos anos antes por serem homossexuais. Eles sabiam que dar a Vaernet as respostas corretas era sua melhor chance de escapar de Buchenwald. Em março de 1945, Vaernet fugiu para a Dinamarca, mas suas esperanças de retornar a uma vida tranquila foram frustradas quando suas experiências foram mencionadas em um livro sobre os horrores dos campos da SS por Eugen Kogon, o assistente do Dr. Erwin Ding-Schuler, no ano seguinte. Diante do julgamento por crimes de guerra, Vaernet fingiu doença e desapareceu. Ele reapareceu em 1947 como Carlos Pedro Varnet, no Brasil, depois se mudou para a Argentina, encontrando um posto em um instituto médico em Buenos Aires, onde trabalhou até sua morte, em 1965.

ASSASSINATO DE CRIANÇAS

A maioria dos médicos nazistas não viu nenhuma contradição ou conflito entre sua vocação como médicos e suas crenças raciais e políticas. O uso de temas de pesquisa retirados de "raças imperfeitas", como eslavos e judeus, ou deficientes físicos e mentais, não só era moralmente aceitável, mas proporcionava o bônus de ajudar a limpar a humanidade de suas lamentáveis impurezas. O médico da SS, Kurt Heissmeyer, estava tipicamente impregnado de teoria racial nazista. Seu trabalho foi projetado para desenvolver vacinas e tratamentos para doenças infecciosas como a tuberculose, mas também para encontrar provas de que elas se originavam entre as raças inferiores, como afirmavam os intelectuais nazistas. Ao longo de 1944, prisioneiros russos no campo de concentração de Neuengamme, a uma curta viagem de carro de Hamburgo, foram levados a um bloco secreto onde foram injetados com tuberculose. Em muitos casos, a microbactéria foi injetada diretamente nos pulmões. As vítimas que mostraram respostas exageradas ou particularmente interessantes ao patógeno foram enforcadas e, depois, dissecadas por Heissmeyer e seus colegas em busca das evidências que se encaixavam em suas crenças.

Em novembro daquele ano, Heissmeyer repetiu este procedimento após receber uma remessa de 20 crianças judias - 10 meninos e 10 meninas entre 5 e 10 anos de idade - de Auschwitz. Quando o exército britânico estava em Hamburgo, num esforço para esconder as evidências de suas experiências, Heissmeyer e seus colegas levaram as crianças e seus cuidadores ao porão da escola Bullenhuser Damm, na cidade, onde foram injetadas com morfina e enforcadas.

A enormidade destes crimes não parece ter afetado Heissmeyer, embora ele tenha colocado alguma distância entre si e as provas que deixou para trás. Ele retornou à sua antiga casa Saxony-Anhalt no novo setor russo, trabalhando na clínica médica de seu pai, antes de abrir uma clínica privada de prestígio para portadores de tuberculose em Magdeburg. A justiça só começou a alcançá-lo em 1959, quando ele foi mencionado em um artigo na popular revista *Stern*, da Alemanha Ocidental. Processado e considerado culpado em 1966, ele foi condenado a prisão perpétua na infame prisão Bautzen II, notória por seu duro regime sob governos nazistas e comunistas. Heissmeyer durou lá 14 meses antes de morrer em sua cela de um ataque cardíaco.

ENCANTADO PELO SONHO NAZISTA

Durante 1945, o mundo ficou chocado com as imagens que surgiram das ruínas do sistema de concentração nazista e dos campos de morte. Imagens de detentos famintos, à beira da morte, e os instrumentos de terror - arame farpado, torres de guarda, câmaras de gás, chaminés e cabanas espartanas, mais casas de carvão do que abrigos, tudo se tornou comum, assim como as fotografias das montanhas de mortos e dos rostos atordoados dos guardas capturados do campo, silenciosos e estupefatos agora que seus crimes horrendos haviam sido expostos.

Uma das imagens mais arrepiantes capturadas na Alemanha no ano zero foi uma das mais simples, mas ilustrava os poços profundos do mal que havia alimentado a máquina de extermínio SS. Três homens estão em um poço de corpos mutilados e macilentos. Dois deles estão se mexendo na encosta do poço, talvez reconhecendo o corpo de um ex-companheiro de acampamento que eles conheciam vagamente, ou esperando encontrar em dedos frios e apertados uma pequena bugiganga que os guardas haviam falhado em confiscar. O terceiro homem se destaca deles, perfeitamente posicionado no centro do tiro. Todos os três homens vestem uniformes simples e uma exaustão que denotam seu status de prisioneiros. A presença de um soldado britânico no topo do poço, com seu rifle, confirma que os homens abaixo dele são um detalhe do trabalho prisional. No entanto, a figura do prisioneiro solitário no meio da confusão massacrada não transmite nada de derrota, culpa ou arrependimento. Sua postura confiante é abertamente desafiadora, pernas estendidas e plantadas solidamente, sem qualquer cuidado ou respeito pelos corpos sob suas botas. Cabeça desabrida, seu olhar ignora as vítimas a seus pés e despreza casualmente o guarda atrás dele. Esta figura está muito distante no tempo e no espaço, ainda entranhado pelo sonho nazista da vitória final e da vida de um herói em um mundo purificado pela raça mestre.

O MAL NECESSÁRIO

O prisioneiro na foto é Fritz Klein, um alemão étnico da Romênia. Quando a guerra eclodiu, em 1939, Klein entrou para o exército romeno como tenente-médico, mas teve o prazer de ser transferido para a Waffen-SS em 1943. Ele foi destacado para Auschwitz-Birkenau,

O criminoso de guerra Fritz Klein foi médico em Auschwitz, Neuengamme e Bergen--Belsen. Em 1945, ele foi forçado pelos britânicos a enterrar os cadáveres das vítimas nazistas em valas comuns. Alguns meses mais tarde, ele foi executado.

trabalhando nas seções dedicadas às mulheres, famílias e ciganos. Suas duas principais tarefas eram cuidar das enfermidades do pessoal e atuar como oficial de seleção, inspecionando os prisioneiros na chegada e identificando aqueles muito velhos, muito fracos e muito jovens para serem úteis. Escolher aqueles que estavam condenados ao extermínio imediato nas câmaras de gás era a tarefa principal das várias centenas de médicos juniores dentro do sistema. Alguns, pelo menos mais tarde, professaram ter achado essas tarefas de seleção desagradáveis, detestáveis e lamentáveis mas, claro, eram um mal necessário para que o povo alemão desfrutasse de saúde racial. Os médicos que se recusaram a participar das tarefas de seleção logo foram lembrados pela SS das severas penalidades para aqueles que traíram o Estado nazista. Fritz Klein não precisava ser ameaçado. Ele apreciou o papel de oficial de seleção, o que ele viu como vital para a realização da visão de Hitler. Klein era bom em seu trabalho e gostou, embora mais tarde tenha afirmado que nunca havia entendido bem o que acontecia com aqueles que não cumpriam com o padrão de saúde exigido.

Quando o Exército Vermelho se deslocou para o oeste, Klein se viu trabalhando em campos no centro da Alemanha e estava em Bergen-Belsen, na Baixa Saxônia, quando as tropas britânicas chegaram, em 15 de abril de 1945. A maioria do pessoal do acampamento fugiu, mas Klein permaneceu em seu posto ao lado de seu comandante, *Hauptsturmführer* Josef Kramer, para garantir uma entrega ordeira às autoridades Aliadas. Os britânicos marcharam para uma cena de uma pintura Bosch do Inferno, com montes de cadáveres em cada curva; muitos dos vivos eram tão fracos que os ratos roíam sua carne com impunidade. Foi dada a Klein a tarefa de cavar fossos e encher as valas comuns com os 10.000 cadáveres não enterrados espalhados pelo acampamento. Nove dias depois, o Sargento Harry Oaks, da Unidade de Filme e Fotografia do Quinto Exército, tirou a foto icônica de Klein orgulhosamente entre os homens e mulheres que ele havia ajudado a assassinar. Em seu interrogatório, ele expressou pouca culpa ou remorso por suas ações e não tentou implicar outros. Em seu julgamento, no outono de 1945, ele repetiu sua convicção de que havia agido tanto como um bom médico quanto como um bom nacional-socialista. Citando sua própria versão truncada do juramento hipocrático, ele argumentou que os judeus eram o apêndice gangrenoso da humanidade: "É por isso que eu os cortei". Ele não fez nenhuma menção ao comando primário do juramento: "Primeiro, não causar dano". Ele foi enforcado na prisão de Hamelin por Albert Pierrepoint, em dezembro de 1945.

CAPÍTULO 5

ALEMANHA CIVIL DE 1945-49

Em 23 de maio de 1945, o governo alemão, liderado pelo sucessor de Hitler, Almirante Dönitz, foi dissolvido por ordem do comandante supremo Aliado, general Eisenhower, marcando o fim do Terceiro Reich. A Alemanha tornou-se, então, um país ocupado. Como vencedores, os Aliados capitalistas e comunistas apertaram as mãos em comemoração ao seu triunfo sobre o fascismo. Para a população civil da Alemanha, no entanto, as coisas foram muito diferentes.

Seu país estava em ruínas. A maioria de suas cidades havia sido reduzida a escombros - 66% das casas em Colônia haviam sido destruídas e, em Düsseldorf, 93% dos edifícios eram considerados inabitáveis. Estima-se que 20 milhões de alemães ficaram desabrigados. Não existiam serviços de comunicação e não havia transporte de trabalho. O campo, também mutilado pela guerra, foi povoado por uma estimativa de 5,2 milhões de pessoas. Isto incluía alemães que tentavam retornar às casas que haviam sido destruídas, evacuados que retornavam às cidades tendo escapado dos combates nas Frentes Leste e Oeste, antigos trabalhadores forçados de muitas nacionalidades diferentes (conhecidos como pessoas deslocadas ou PDs) retornando para casa, bem como alemães que retornavam de seus antigos territórios como a Tchecoslováquia e a Polônia. De acordo com um ex-chefe do Departamento da Alemanha Britânica, era "como se um formigueiro gigante tivesse sido subitamente perturbado".

A economia havia entrado em colapso e não havia um governo central para implementar as instruções emitidas pelas forças de ocupação. A indústria e a agricultura estavam paradas, o que resultou em uma escassez de alimentos e no perigo iminente de epidemias de doenças. Bandeiras brancas foram penduradas em muitas das casas que ainda estavam em pé. Entre as ruínas de seu país após uma guerra que custou cerca de cinquenta milhões de vidas, o povo alemão esperava um futuro incerto.

CONQUISTANDO A PAZ?

Após discussões em Yalta, em fevereiro, e depois em Potsdam, em julho de 1945, os Aliados haviam concordado em dividir a Alemanha em quatro zonas de ocupação a serem administradas pela Grã-Bretanha, França, União Soviética e Estados Unidos. A cidade de Berlim foi dividida de forma semelhante. Cada zona foi administrada mais ou menos independentemente durante os dois primeiros anos da ocupação, embora os problemas, políticas, ações e resultados da ocupação fossem similares nas zonas britânica, francesa e americana. Em 1947, as zonas britânica e americana uniram-se economicamente para formar a "Bizona", mas permaneceram entidades políticas separadas.

Em 8 de maio de 1945, o Marechal de Campo Montgomery havia se dirigido a suas tropas para marcar o Dia da Vitória na Europa. Ele disse: "Nós vencemos a guerra alemã. Vamos agora conquistar a paz". Já em outubro de 1944, oficiais britânicos no Escritório de Guerra haviam elaborado planos para a próxima ocupação. Mas logo após

Montgomery ser nomeado comandante-chefe e governador militar da zona de ocupação britânica, ele percebeu que as diretrizes eram inadequadas à realidade que suas forças encontravam em campo. Entre os problemas imediatos estavam a alimentação, o vestuário e o alojamento dos desconcertados cidadãos da nação derrotada, e o que fazer com 1,5 milhões de prisioneiros de guerra alemães, mais um milhão de soldados feridos e um número semelhante de refugiados e PDs. Montgomery lembrou, mais tarde, seu pensamento na época, dizendo: "Eu era um soldado e não tinha sido treinado para lidar com nada dessa natureza... Entretanto, algo tinha que ser feito, e feito rapidamente".

Montgomery e seu adjunto, general Brian Robertson, tinham alguma experiência como membros de uma força de ocupação durante a invasão da Renânia, em 1918-19. Eles estavam determinados a usar as lições aprendidas na época para evitar cometer os mesmos erros. Comprometidos em ser positivos com seus antigos inimigos, eles precisavam urgentemente construir a ordem a partir do caos. Havia algumas certezas: a Alemanha tinha que ser desmilitarizada, e as indústrias controladas para evitar o rearmamento; a lei e a ordem tinham que ser restauradas, epidemias de doenças evitadas e a atividade econômica reiniciada para evitar a agitação social, mas a tarefa era enorme.

Como todos os bons soldados, Montgomery encarou a tarefa de governar como se fosse uma operação militar. Naturalmente, a segurança era primordial: quaisquer armas encontradas eram confiscadas, o toque de recolher rigoroso era imposto e as viagens restritas. Batizada de "Batalha do Inverno", sua operação visava suprir a escassez de alimentos, combustível e moradia, e reparar os serviços de água e esgoto. Ele também estava disposto a retomar a vida econômica e política, melhorar as instalações de transporte, reabrir escolas e licenciar partidos políticos para se preparar para as eleições. Em junho de 1945, os prisioneiros de guerra alemães foram liberados para participar da

Operation Barleycorn, para introduzir a colheita, e da *Operation Coalscuttle*, para colocar as minas de carvão de volta à produção. O idioma era uma barreira, pois poucas autoridades militares britânicas falavam alemão e poucos alemães falavam inglês. O progresso foi lento.

Outro problema inicial, particularmente nas cidades, foi a remoção de toneladas de escombros de edifícios destruídos, uma tarefa entregue à população local, particularmente aqueles que haviam sido membros de organizações nazistas. Havia ressentimentos locais, pois casas, vilas e, às vezes, grandes áreas de uma cidade eram requisitadas e os moradores locais eram expulsos de suas casas, criando uma séria ansiedade para os recém-desabrigados. A escassez de alimentos continuou a ser um problema, com rações na zona britânica, por exemplo, de 1.000 calorias por dia durante pelo menos os dois primeiros anos de paz. Os britânicos culparam os soviéticos, que haviam exigido reparações materiais em larga escala da Alemanha derrotada. A zona de ocupação soviética, que incluía grande parte das terras agrícolas da Alemanha e era menos povoada que a dos outros Aliados, tinha concordado em fornecer alimentos ao resto da Alemanha em troca de uma parcela maior de reparações. Mas os alimentos não eram fornecidos, forçando os outros a alimentar a população de suas zonas às suas próprias custas. O custo se mostrou caro, com os contribuintes britânicos pagando uma conta de 80 milhões de libras esterlinas em 1946-47.

Apesar dos problemas, os níveis de saúde permaneceram aceitáveis, sem que nenhuma das epidemias previstas se instalasse. Os engenheiros do exército britânico restabeleceram grande parte da infraestrutura de transporte e a economia começou a se recuperar, mas a escassez de mão de obra e de matérias-primas fez com que a produção permanecesse baixa. Os partidos políticos locais foram licenciados no final de 1945. O plano britânico era passar do governo direto para o indireto o mais rápido possível. As eleições locais foram realizadas em outubro de 1946 para os conselhos municipais, distritais e regionais. Tendo inicialmente pensado em impor um modelo britânico de democracia, os membros dos novos partidos alemães convenceram as autoridades britânicas de que a Alemanha tinha uma forte tradição de democracia local mais adequada aos seus cidadãos.

PRISIONEIROS DE PAZ

Entre 1945 e 1949, os Aliados prenderam e internaram cerca de 350.000 nazistas suspeitos. Eles foram alojados em antigos quartéis do exército, campos de prisioneiros de guerra e, às vezes, em antigos campos de concentração, como Buchenwald e Dachau. As condições eram precárias e os julgamentos, muitas vezes, caóticos. A situação variava nas diferentes zonas, sendo os britânicos os mais indulgentes e os soviéticos os mais duros. Muitos dos encarcerados na zona soviética foram deportados para a URSS como trabalhadores forçados.

Um problema semelhante, mas muito maior, foi apresentado pelos milhões de prisioneiros de guerra alemães então sob a responsabilidade das forças de ocupação, a maioria deles no Oeste. No total, estima-se que entre cinco e sete milhões de membros da Wehrmacht, das Waffen-SS e da *Volkssturm* estiveram em cativeiro entre maio e julho de 1945. Eles estavam sofrendo com a falta de alimentos e abrigo, e condições insalubres, bem como enfrentando o fim de uma guerra que haviam perdido, o que causou primeiro, o choque, depois, a preocupação e o estresse. No entanto, aqueles que foram feitos prisioneiros pelos britânicos, franceses e americanos foram mais afortunados do que aqueles presos pelo Exército Vermelho. Um grande número desses prisioneiros foi utilizado como trabalhador forçado pelos Aliados, como havia sido acordado na Conferência de Yalta. Em 1946, havia mais de 400.000 prisioneiros alemães na Grã-Bretanha para realizar trabalhos agrícolas e para fins de reeducação política. No total, eles foram bem-tratados;

no final de 1947, quando foram repatriados, cerca de 24.000 optaram por permanecer na Grã-Bretanha. Na França, 740.000 prisioneiros, alguns com a saúde debilitada, foram utilizados para trabalhos como a remoção de minas. A eles se juntaram pelo menos 25.000 cidadãos alemães que haviam sido expulsos de suas casas por atos de resistência contra a ocupação.

DESNAZIFICAÇÃO

Na Conferência de Potsdam, os Quatro Grandes se comprometeram a remover todos os vestígios do nazismo da Alemanha, concordando que após sua derrota, a nação deveria ser desarmada e desmilitarizada; suas forças armadas deveriam ser destruídas e sua população "desnazificada" e reeducada. O objetivo declarado era remover todos os oficiais nazistas da vida pública, e uma lista de suspeitos nazistas foi elaborada para "prisão obrigatória". Mas, após a divisão do país em zonas ocupadas, cada uma das nações ocupantes realizou a tarefa de desnazificação à sua própria maneira.

É claro que não foi uma tarefa fácil. Como escreveu o escritor judeu alemão Victor Klemperer, em 1946, "o nazismo tinha permeado a carne e o sangue do povo através de palavras únicas, expressões idiomáticas e estruturas de sentença que foram impostas em um milhão de repetições e que foram tomadas de forma mecânica e inconsciente". Muitos alemães haviam sido educados com o nazismo e o tinham em seu sangue. O Partido tinha criado raízes profundas. Em seu livro *The Scourge of the Swastika*, Lord Russell, de Liverpool, conselheiro jurídico chefe nos julgamentos de Nuremberg, explicou: "Do Führer na fonte... Do *Gauleiter* (líder provincial) para o distrito, do *Kreisleiter* (quadro oficial do Partido) para o condado, até o *Blockleiter* (supervisão política de um bairro) que era responsável por cerca de cinquenta lares... a corrente da doutrina nazista fluía para cada lar. Cada um desses funcionários, em seu próprio nível, tinha uma equipe que tratava de todos os aspectos da vida do cidadão: educação, propaganda, notícias, finanças, justiça'.

As atitudes Aliadas ao se aproximarem dos moradores locais também não ajudaram quando a realidade das atrocidades dos campos de concentração e dos campos de morte tornou-se pública. De fato, os comandantes Aliados, muitas vezes, forçaram os habitantes locais das cidades vizinhas a visitar os campos libertos para que pudessem testemunhar os horrores por si mesmos, muitas vezes, sendo recrutados para enterrar as pilhas de cadáveres emaciados que encontravam. Em geral, no entanto, a maioria dos civis alemães era passiva na aceitação dos soldados ocupantes. Chocados com a submissão, pareciam demasiado preocupados com seus próprios assuntos privados para se preocuparem com a ocupação.

A desnazificação também implicava em renomear ruas, parques, edifícios, instituições e até mesmo crianças que tinham sido associadas a nazistas ou militaristas. As autoridades também tiveram que remover monumentos, estátuas, sinais e emblemas ligados ao nazismo ou militarismo, bem como confiscar bens do Partido Nazista e eliminar a propaganda nazista da educação, reescrevendo livros didáticos e alterando o currículo escolar, a mídia alemã e as muitas instituições religiosas que tinham líderes e clérigos pró-nazistas. Eles também tiveram que proibir desfiles nazistas ou militares, hinos e a exibição pública dos símbolos nazistas. Na zona soviética, muitos dos nomes foram "comunizados".

Soldados Aliados, ex-prisioneiros de campos de concentração e alemães anti-Hitler se vingaram dos símbolos nazistas queimando ou destruindo bandeiras, banners e cartazes embelezados pela suástica. Em um momento capturado em filme, soldados americanos explodiram a enorme suástica no estádio de Nuremberg, o local de antigos comícios nazistas. Para aqueles que testemunharam a explosão, seja pessoalmente, seja em cinemas, ela simbolizou o fim do nazismo e o início de uma nova era. A figura do Führer teve que ser desacreditada, e o ex-líder alemão passou a ser considerado um assassino em massa, cujas políticas haviam trazido miséria a milhões de europeus e levado à destruição da Alemanha. As equipes de filmagem documentaram trabalhadores enquanto levavam marretas a um busto maciço de metal de Hitler e derretiam as chapas de impressão de chumbo de sua autobiografia, *Mein Kampf*, para produzir tipologia para um jornal democrático para a nova Alemanha.

Os ocupantes Aliados entregaram questionários à população local a fim de classificá-los em termos do seu nível de nazismo. Se eles fossem classificados como Grandes Criminosos, Ofensores, Menores Criminosos ou Seguidores, a intenção era puni-los. Aqueles que não eram culpados de qualquer associação com o Partido eram marcados como Exonerados. Empenhados em ensinar a democracia aos alemães, os americanos eram rigorosos em não permitir que ex-nazistas ocupassem cargos públicos. Os britânicos eram menos rígidos e mais práticos se o candidato fosse adequado para o cargo. Os franceses estavam ocupados explorando os recursos de sua zona para reconstruir sua própria economia, portanto, eram completamente flexíveis. Para os soviéticos, porque sua zona deveria ser transformada em território comunista, qualquer pessoa preparada para se conformar com isso era autorizada a permanecer em seu posto. Em 1949, o programa de desnazificação foi entregue às autoridades alemãs.

Através dessas ações, os Aliados esperavam forçar os civis alemães a enfrentar seu passado recente demonstrando os delitos do regime nazista, seja pela perseguição dos líderes do movimento, seja pela eliminação dos símbolos de culto ao Führer ou pelo descrédito dos vestígios da propaganda de Goebbels, tudo o que tinha contribuído para as agressões, perseguições e assassinatos em massa durante o regime.

O LEGADO DO ÓDIO

Durante os últimos meses da guerra, a Alemanha havia sido palco de uma orgia de matança, em particular na Frente Leste, à medida que o Exército Vermelho se deslocava para o Oeste e o exército alemão se retirava. Os Aliados mataram alemães; os alemães mataram Aliados; os alemães mataram os não-alemães; os nazistas mataram qualquer um que não estivesse preparado para lutar até o fim; os bombardeios Aliados continuaram a matar civis alemães, assim como a epidemia de suicídios que se espalhou por todo o país. Quando o Terceiro Reich caiu, deixou para trás um legado de ódio e vingança. Isto foi grandemente amplificado pela descoberta da realidade dos horrores dos campos de concentração, onde, com frequência, os atos de vingança eram praticados livremente. Muitas pessoas haviam sofrido sob o regime nazista, sobretudo os civis alemães, muitos dos quais agora culpavam suas antigas autoridades. Recriminações profundas começaram a ser expressas e foram seguidas pelas prisões de dezenas de milhares de ex-funcionários do Partido. As novas autoridades foram inundadas com denúncias de membros de alto e baixo escalão; algumas eram reais, outras simplesmente o resultado de ressentimentos locais mesquinhos. Seja qual for o motivo, foram necessários campos de internação para os milhares de presos e milhões de soldados da Wehrmacht e Waffen-SS. Muitos destes eram campos que os nazistas haviam utilizado para judeus e outros "indesejáveis".

Com o passar dos meses, com os efeitos da desnazificação começando a ser vistos, embora as prisões de nazistas importantes ainda fossem bem-vindas pela população em geral, o entusiasmo pelo encarceramento de figuras de nível inferior começou a diminuir. Cada vez menos pessoas admitiam ter algo além de desprezo pelos nazistas, e a prisão daqueles que não tinham sido realmente responsáveis por algum crime em particular implicava que quase qualquer um podia ser levado sob custódia. Tal era a rejeição do Partido Nazista e de suas políticas, que era difícil encontrar alguém que admitisse que uma vez o tivesse apoiado. Em sua crônica da cidade de Tübingen, perto de Stuttgart, na zona francesa em 1945, o historiador alemão Hermann Werner observou: "Era como se o Partido Nacional Socialista tivesse desaparecido da face da Terra ... já não se tinha consciência de qualquer preferência pelo Nacional-Socialismo. Os funcionários do Partido que permaneceram, na esmagadora maioria, tinham tido o suficiente [do nazismo], uma e outra vez se ouviu dizer que eles, de fato, eram os que tinham sido mais enganados."

Na realidade, muitos nazistas ficaram impunes e simplesmente jogaram fora seus uniformes e voltaram às suas vidas e empregos normais. Em seu livro *Reckonings: Legacies of Nazi Persecution and the Quest for Justice*, Mary Fulbrook, professora de história alemã na University College London, faz algumas afirmações surpreendentes. Ela estima que cerca de 8,5 milhões de alemães, cerca de 10% da população, tenham sido membros do Partido Nazista, com muitos mais inscritos em outras organizações relacionadas, tais como a Frente Trabalhista Alemã, a Organização Nacional Socialista do Bem-Estar Popular, a Liga das Mulheres Alemãs, a Juventude Hitleriana e outras. O estado nazista era administrado através destas organizações, envolvendo até 45 milhões de alemães. Dos 200.000 envolvidos em crimes da era nazista, 140.000 foram levados ao tribunal entre 1946 e 2005, com 6.656 julgamentos terminando em condenações. "É tarde demais", disse ela, após um julgamento em 2018, "A grande maioria dos perpetradores se safou".

Embora os ocupantes Aliados estivessem esperando lidar com nazistas fanáticos, ressentimento, raiva e represálias, na verdade, eles haviam encontrado uma nação derrotada, confusa e dócil. Uma vez que a liderança nazista tinha sido aniquilada, seus principais funcionários presos e o exército desmantelado e internado em campos, a população restante estava em conformidade. Eles tinham sido espancados até a submissão, pela guerra, pelos nazistas e pela violência que lhes foi dirigida durante os últimos meses da guerra, pelas mãos de invasores que pretendiam vingar-se das atrocidades cometidas pelos soldados alemães durante os primeiros anos da guerra. Criou-se uma espécie de autopiedade coletiva, uma vitimização, como se o povo alemão sentisse que estava assumindo a culpa pelas ações dos outros. Eles haviam sido bombardeados até a submissão, com milhares de civis mortos e feridos; milhões deles também haviam sido forçados a abandonar suas casas; centenas de milhares de mulheres haviam sido estupradas por invasores soviéticos, e agora os crimes perpetrados por seus líderes haviam sido colocados às suas portas. Como aponta o historiador Richard Bessel, "A injustiça óbvia desta violência tornou o trauma de 1945 ainda maior, e nos anos imediatos do pós-guerra, tornou mais fácil para os alemães evitarem enfrentar o que sua nação havia feito aos outros, e se concentrarem no que havia sido feito a eles."

MEDO, VERGONHA E CULPA

O início da Segunda Guerra Mundial veio 20 anos após o fim da Primeira Guerra Mundial. Esses anos haviam sido tumultuosos para a população alemã, com derrota no conflito e humilhação na paz que se seguiu. Este período incluiu as incertezas da República de Weimar, a Depressão, a chegada de Hitler, depois o renascimento econômico e a esperança. Quando os nazistas tomaram o poder, no entanto, a esperança foi substituída pelo medo. O medo foi alimentado pela propaganda, construindo uma imagem aterradora das hordas bárbaras, bolcheviques e "sub-humanas". Esses medos foram justificados em outubro de 1944, quando a Wehrmacht expulsou o Exército Vermelho da aldeia Prussiana Oriental de Nemmersdorf e revelou os restos de um massacre. Fotografias chocantes de crianças mortas, e de mulheres com saias enrugadas e roupas íntimas rasgadas, que tinham sido claramente estupradas antes da morte, foram amplamente publicadas. A intenção era endurecer a determinação alemã. O resultado real foi que o medo se transformou em pânico.

Junto com o medo veio a vergonha, especialmente porque as ações nazistas se tornaram cada vez mais criminosas no final da guerra. Enquanto Hitler e os outros líderes nazistas se tornavam ainda mais frenéticos em sua determinação de que todos lutassem até a morte e se entregassem à sua orgia de destruição, um jornalista nazista fiel escreveu que, "Tudo em que eu acreditava acabou se transformando em loucura e crime". A vergonha rapidamente se transformou em culpa à medida que a verdade sobre as condições terríveis nos campos de trabalho e as mortes bestiais nos campos de morte de Chelmno, Belzec, Sobibor, Treblinka, Majdanek e Auschwitz-Birkenau se tornou conhecida. O historiador alemão Florian Huber observa que, nas semanas seguintes ao fim do conflito, ele ouviu as palavras: "Não sabíamos. Não sabíamos", com mais frequência do que qualquer outra. É claro que algumas pessoas podem não ter sabido sobre os campos, mas muitos sabiam. Como a autora Konnilyn Feig aponta em seu livro *Hitler's Death Camps*, "Hitler exterminou os judeus da Europa. Mas ele não fez isso sozinho. A tarefa era tão enorme, complexa, demorada e exigente mental e economicamente que precisou dos melhores esforços de milhões de alemães... Todas as esferas da vida na Alemanha participaram ativamente..."

Entretanto, os horrores eram tão inimagináveis, a escala dos assassinatos tão enorme, que a negação se tornou uma solução aceitável para os sobreviventes. Tomemos o exemplo de Oskar Gröning, um oficial da SS em Auschwitz, entrevistado pelo historiador Laurence Rees em seu livro *Auschwitz: A New History*. "Em seu escritório", escreve Rees, "ele [Gröning, acusado de registrar dinheiro tirado de prisioneiros na chegada à rampa] estava isolado da brutalidade, e quando caminhava pelo campo ele podia desviar os olhos de qualquer coisa que o desagradasse... ele não tinha nada a ver com a mecânica grosseira do processo de assassinato – geralmente, não havia razão para ele visitar o canto remoto de Birkenau, onde os assassinatos ocorriam". Ao tentar explicar como conseguiu tolerar a participação no que sabia ser um assassinato em massa, Rees explica: "Ele se protegeu de assumir a responsabilidade de participar do processo de extermínio, referindo-se constantemente ao poder da propaganda à qual ele estava exposto, e ao efeito sobre ele da atmosfera familiar ultranacionalista em que ele cresceu". Embora Gröning nunca tenha expressado culpa por suas ações, ele foi assombrado pelas imagens em sua memória. Por volta da época de seu julgamento, em 2015, ele foi abordado por negacionistas do Holocausto para obter apoio. Em resposta, ele disse: "Gostaria que vocês acreditassem em mim. Eu vi as câmaras de gás. Eu vi o crematório. Vi os fornos abertos. Eu estava na rampa quando as seleções aconteceram. Gostaria que vocês acreditassem que estas atrocidades aconteceram, porque eu estava lá".

No final dos 12 anos do regime nazista, a maioria da população civil alemã estava desesperada, cansada da guerra e da matança, e arrependida. A derrota catastrófica deixou a nação inteira sofrendo de vulnerabilidade emocional depois de ser tão facilmente seduzida a acreditar nas promessas de um futuro nazista brilhante. Medo, vergonha e culpa pela forma como os nazistas haviam tentado e falhado em conseguir isso a um custo tão colossal, combinado em um coquetel de sentimentos tão tóxicos que levou muitos milhares de alemães a cometerem suicídio. Para os sobreviventes, isso significava encarar a verdade.

AS RAÍZES DA GUERRA FRIA

Inicialmente, as tropas da zona soviética tinham as mesmas preocupações que os outros Aliados; elas estavam liberando os campos de concentração, limpando escombros e ajudando os moradores locais a encontrar alimento, água e abrigo.

Mas, a administração militar soviética logo revelou interesses diferentes. Trabalhando em estreita colaboração com o Partido Comunista Alemão, eles se propuseram - com preocupações semelhantes às dos franceses - a garantir que a Alemanha nunca mais fosse capaz de atacar seu país, bem como de extrair o máximo de reparações. Eles também iniciaram uma campanha para apresentar sua ideologia aos cidadãos alemães em sua zona, bem como em outras nações do leste europeu por trás do que Churchill chamou de "a Cortina de Ferro", em um discurso em 1946 - estes incluíam a Tchecoslováquia, Hungria e Polônia, bem como a Grécia, Turquia e Irã.

Já no outono de 1945, havia ficado claro que a aliança entre a União Soviética e os outros Aliados corria o risco de ruir. Os soviéticos estavam extraindo tudo o que podiam de sua zona: trilhos ferroviários, máquinas industriais, até mesmo desmantelando fábricas inteiras e transportando-as para a Rússia. Eles fecharam grandes bancos e seguradoras alemãs, confiscando terras e propriedades. Eles mostraram uma relutância em se comprometer ou fazer acordos com os outros exércitos ocupantes. À medida que a cooperação diária se deteriorava, a situação se complicava, especialmente no que diz respeito à responsabilidade soviética pelo fornecimento de alimentos. Em 1946, as potências ocidentais, agora dispostas a permitir o restabelecimento da indústria alemã, recusaram-se a permitir que os russos continuassem a saquear seus bens. Embora uma ruptura formal entre o Oriente e o Ocidente ainda estivesse no futuro, lados políticos opostos já estavam se delineando. Para combater as iniciativas expansionistas soviéticas, o Presidente Truman expôs a posição dos Estados Unidos. Em um discurso ao Congresso americano, em 12 de março de 1947, mais tarde chamado de Doutrina Truman, ele disse: "Acredito que deve ser a política dos Estados Unidos apoiar os povos livres que resistem a tentativas de subjugação por insurgências armadas ou por pressões externas. Acredito que devemos ajudar as pessoas livres a elaborar seus próprios destinos, à sua própria maneira". As linhas de batalha para a Guerra Fria haviam sido traçadas.

A divisão também era evidente nas atividades da recém-formada Organização das Nações Unidas (ONU), que havia surgido em outubro de 1945. Compreendendo 51 nações, com a Grã-Bretanha, China, França, União Soviética e os Estados Unidos como membros permanentes, seu objetivo expresso era evitar que as gerações futuras sofressem "o flagelo da guerra". Em sua carta, forjada à sombra das bombas nucleares lançadas pelas forças norte-americanas sobre o Japão, em julho e agosto daquele ano, ato que iniciou uma corrida armamentista entre os EUA e a União Soviética, foi declarado que as decisões tinham que ser unânimes; com a crescente divergência de opiniões entre Oriente e Ocidente, os soviéticos começaram a fazer uso de seu poder de veto, o que comprometeu a capacidade da ONU de fazer seu trabalho pretendido. Apesar disso, juntamente com outras instituições internacionais recentemente criadas, como o Banco Mundial e o Fundo Monetário Internacional (FMI), a ONU começou a ajudar a lidar com os problemas dos refugiados, reabilitação e reassentamento, bem como problemas de financiamento de grandes obras de infraestrutura resultantes do conflito global.

A AJUDA AÉREA A BERLIM

Dois anos após o fim da guerra, grande parte da Europa ainda estava desorganizada. A reconstrução da infraestrutura de vários países euro-

Um avião de carga norte-americano C-47 aproxima-se do aeroporto de Tempelhof com alimentos e outros suprimentos de emergência durante a ajuda aérea a Berlim, 1948.

peus, particularmente da Alemanha, França e Itália, havia progredido lentamente. Para os Aliados ocidentais, isto era preocupante devido à força crescente dos partidos comunistas nestes países. Com a confiança no sucesso da desnazificação, os americanos reconheceram a importância de reforçar a economia alemã e, portanto, sua indústria, não simplesmente porque isso ajudaria a comprometer a influência comunista, mas também porque abriria mercados para os produtos americanos. Eles começaram a estabelecer planos para introduzir a reforma monetária a fim de evitar a inflação esperada causada por tal movimento.

Nesta época, muitos políticos, economistas, funcionários públicos e outros profissionais alemães haviam retomado seus postos, particularmente em nível local, e os ocupantes estavam interessados em assumir algumas das responsabilidades formando comitês de "reconstrução" e "antifascistas". Wilhelm Röpke, economista do conselho alemão de reforma monetária do pós-guerra, sugeriu a criação de uma nova moeda para substituir o desacreditado Reichsmark. Os americanos, percebendo que a nova moeda seria estável e acabaria com a ameaça de inflação, concordaram e, em 21 de junho de 1948, o marco alemão foi adotado como a nova moeda da Alemanha.

Em um esforço para acelerar a recuperação pós-guerra, o Secretário de Estado Americano, George C. Marshall, anunciou o Programa de Recuperação Europeia para fornecer assistência financeira significativa para a reconstrução da Europa Ocidental e Oriental, e da URSS em 1947. Promulgado no ano seguinte, em 1951, ele havia fornecido mais de US$ 15 bilhões para ajudar a financiar os esforços de reconstrução do continente, reconstruindo cidades, indústrias e infraestrutura, removendo barreiras comerciais entre vizinhos europeus e promovendo o comércio entre países europeus e os Estados Unidos. Além disso, porém, também se destinava a deter a propagação do comunismo no continente europeu. Embora os países da Europa Oriental tenham sido convidados a participar do projeto e tenham sido destinados como beneficiários, Stalin recusou-se a ter qualquer coisa a ver com o que ficou conhecido como Plano Marshall, bloqueando qualquer ajuda potencial aos países do Bloco Oriental. O pensamento russo era de que o Plano pretendia "escravizar a Europa e colocá-la contra a Rússia", explicou Anatoly Semiriaga, um oficial do exército soviético em Berlim em 1945. Em resposta ao Plano Marshall, os russos criaram o Plano Molotov, para fornecer ajuda à reconstrução de países política e economicamente alinhados à União Soviética. Foi uma história semelhante com a Organização do Tratado do Atlântico Norte (OTAN) em 1949 e o Pacto de Varsóvia em 1955.

O primeiro confronto direto entre os "novos" inimigos veio rapidamente. Os Aliados ameaçaram estender sua reforma monetária à zona soviética de Berlim; os soviéticos recusaram. Os Aliados, que haviam fundido suas zonas de ocupação em um estado unificado em 1948, insistiram. Os soviéticos, que haviam se retirado do órgão governante de quatro poderes em março, responderam bloqueando todo o acesso a Berlim em junho, deixando a cidade - 100 quilômetros dentro da zona comunista - como um posto avançado capitalista em território hostil.

Stalin havia planejado o bloqueio com antecedência, esperando forçar as potências ocidentais a entregar a cidade à URSS. Os soviéticos bloquearam todas as rotas de transporte terrestre de e para Berlim Ocidental, cortando a energia e outros suprimentos a seus dois milhões de habitantes. Tinha se tornado um ponto de fulgor, com os soviéticos determinados a matar à fome os berlinenses ocidentais, enquanto os Aliados, particularmente os americanos, estavam determinados a ficar.

Desejando evitar o confronto direto, em junho de 1948, o Presidente Truman ordenou um transporte aéreo maciço de suprimentos para os cidadãos sitiados em Berlim Ocidental. Os aviões e pilotos que haviam bombardeado a cidade alguns anos antes, estavam agora ajudando a alimentar seus habitantes. O corredor aéreo entre Berlim e o Oeste era o único elo restante e tornou-se sua linha de vida para os 321 dias seguintes, quando aviões britânicos e americanos pousavam a cada dez minutos, trazendo em média 4.500 toneladas de alimentos, roupas, carvão e outros suprimentos a cada dia. Os dois aeroportos da cidade lutaram para lidar com o volume do tráfego aéreo, e um novo foi construído rapidamente com a ajuda de 1.900 voluntários locais.

Em uma ação destinada a sinalizar a gravidade da situação para a União Soviética, Truman enviou vários bombardeiros B-29 - os únicos aviões capazes de transportar bombas atômicas - para a região. Assim, advertindo e sentindo que o transporte aéreo poderia continuar indefinidamente, os russos levantaram o bloqueio em maio de 1949. Tinha sido um desastre para eles, pois a paciência e a resistência do povo de Berlim ilustravam sua preferência por um futuro com valores ocidentais.

A DIVISÃO DA ALEMANHA

As outras três potências não tinham estado ociosas. Em abril de 1948, elas se reuniram em Londres para discutir o futuro do território das zonas ocupadas pelo Ocidente, o que incluía a "cidade" de Berlim Ocidental. Eles decidiram estabelecer uma assembleia constituinte, chamada Conselho Parlamentar Alemão, composta de representantes dos estados federais (os *Länder*), que eram baseados em linhas de fronteira pré-existentes. O conselho elegeu Konrad Adenauer, um democrata-cristão, como líder, e formulou o que seria a constituição provisória da nova República Federal da Alemanha (RFA). Bonn foi escolhida como a capital do "novo" país, informalmente conhecido como Alemanha Ocidental. A República Federal, que incluía a "cidade" de Berlim Ocidental (ainda oficialmente ocupada pelas tropas Aliadas), foi declarada como tendo "plena autoridade de um Estado soberano", em 23 de maio de 1949, e pretendia ser reconhecida como a herdeira legítima do Reich alemão, mas com o direito de supervisão retido pelas potências Aliadas ocidentais.

Em resposta, em 7 de outubro, a República Democrática Alemã (RDA) ou *Deutsche Demokratische Republik* (DDR) foi estabelecida na zona soviética, tendo Berlim Leste como sua capital. Um comunista, Wilhelm Pieck, tornou-se presidente, e Otto Grotewohl, um antigo social-democrata, foi nomeado chefe de governo. Entretanto, o verdadeiro poder foi detido pelo estalinista Walter Ulbricht. Em 1946, os partidos social-democrata e comunista foram forçados a se fundir no Partido da Unidade Socialista, do qual Ulbricht era o líder.

Estas ações marcaram o fim de qualquer possibilidade de uma Alemanha reunificada. Durante os 40 anos seguintes, a Alemanha Oriental e a Ocidental serviram como símbolos de um mundo dividido, e das animosidades da Guerra Fria entre a União Soviética e os Estados Unidos que haviam começado durante o curso da Segunda Guerra Mundial.

CAPÍTULO 6

AS "RATLINES"

SEGUNDO o historiador Ian Kershaw, os regimes autoritários, geralmente, terminam por uma das duas razões: ou por causa de algum tipo de revolução vinda de baixo, ou por algum golpe de estado ou golpe de dentro da liderança. No entanto, era impossível que o Terceiro Reich terminasse de uma dessas formas. O autoritarismo opressivo do regime nazista gerou tanto medo e se moveu com tal ritmo que nunca houve tempo nem vontade de conspirar uma revolução de baixo para cima.

Em termos de liderança, o fracasso da tentativa de golpe de Claus von Stauffenberg, em 1944, a brutalidade com que foi tratado e o fato de que os nazistas na mesa superior, Bormann, Göring, Goebbels e outros, estavam todos colocados uns contra os outros, significava que estavam todos a favor do Führer na esperança de um avanço pessoal e muito ocupados para conspirar contra ele.

No nível superior do Partido, havia aqueles prontos para fazer a vontade de Hitler e lutar até a morte: verdadeiros fanáticos, para quem "a morte com honra" era melhor que a derrota. Outros eram suficientemente sanguinários para saber o que tinham feito e admitir a si mesmos que não tinham futuro uma vez que o regime tivesse terminado. A disciplina entre os soldados nas duas frentes permaneceu alta, particularmente entre a Waffen-SS, mas também na Wehrmacht. Para os níveis inferiores da liderança partidária, a Gestapo, a SS, os responsáveis pelos campos de concentração e aqueles que não estavam preparados para morrer pela causa, as escolhas eram mais amplas, porém, de certa forma, mais difíceis de fazer. Muitos deles tinham feito seus planos para escapar da retaliação mesmo antes do fim da guerra. Eles podiam ficar em casa e correr riscos, podiam se esconder na Alemanha, talvez com novas identidades, ou podiam escapar completamente, fugir, ir para o exterior e encontrar um lugar seguro para viver novas vidas. Quanto mais velhos fossem, se tivessem cometido atrocidades ou não, maior era a necessidade de escapar. Os Aliados chegaram à Alemanha com listas dos procurados por crimes de guerra, e as prisões começaram imediatamente. A situação na Alemanha era caótica, com milhões de pessoas em movimento; ninguém sabia o que estava acontecendo e ninguém estava no controle. Não havia tempo a perder para aqueles que queriam escapar da justiça.

Em pouco tempo, parecia que as rotas de fuga tenham sido abertas. Conhecidas como "*ratlines* (linhas de rato)", assim denominadas em homenagem a degraus grosseiros de escada de corda que permitiam aos marinheiros em velhos veleiros escalar mastros, muitas vezes, em uma última tentativa de evitar afogamento em navios naufragando, essas eram rotas que levavam para o Sul, saindo da Alemanha e da Áustria para Itália ou Espanha, e muitas vezes novamente para a América do Sul, Estados Unidos e Oriente Médio, entre toda uma gama de destinos. As rotas eram organizadas por várias redes de simpatizantes nazistas, instituições e governos em que todos tinham interesse em ajudar na fuga. Uma dessas instituições era a Igreja Católica e, de acordo com alguns historiadores, o próprio Vaticano. Havia várias passagens e vales que levavam por cima ou através das montanhas. A maioria das rotas começava em Innsbruck, na Áustria, onde havia um escritório do Comitê Internacional da Cruz Vermelha que poderia emitir um documento de identidade para os fugitivos. Uma rota passava pela cidade termal de Nauders, no norte do Tirol, e pelo Passo Reschen, outra passava pelos vales de Ziller e Ahrn até Bolzano, mas a mais importante era pelo Passo Brenner. Todas as rotas levavam através da fronteira italiana.

A SAÍDA DE EMERGÊNCIA

Nos vales superiores dos Alpes, as boas terras sempre foram escassas e a estação de crescimento era curta. Como os agricultores das montanhas ao longo da história, portanto, as pessoas das montanhas ganhavam sua renda transportando mercadorias de um lado das altas cordilheiras para o outro, sempre que uma mercadoria estivesse escassa, em demanda ou altamente tributada. Nas terras de fronteira entre a Áustria e a Itália, o contrabando foi abundante durante séculos. Os guias locais conheciam os melhores caminhos para evitar a detecção e também as pessoas certas a conhecer e a evitar. Eles sabiam em quais aldeões se podia confiar e quais funcionários podiam ser subornados. Durante séculos, as redes de contrabando, baseadas em laços familiares e de vizinhança, passaram mercadorias valiosas - gado, metais e alimentos exóticos, como o café - de uma aldeia para outra, fora da vista dos fiscais do governo amontoados em seus postos alfandegários ao longo das estradas muito abaixo. Durante a Segunda Guerra Mundial, contrabandistas na província italiana de Venezia Tridentina, conhecida pela maioria de seus habitantes como Süd ou Tirol do Sul, estavam ocupados transportando medicamentos para o Norte, para a Alemanha e trazendo moeda e lingote. De 1944 até o início dos anos 50, seu trânsito mais intenso era de pessoas, alguns judeus, muitos alemães, mas todos procuravam chegar à Itália e, depois, seguir para uma nova vida em outro lugar. O sobrevivente do Holocausto e famoso caçador de nazistas Simon Wiesenthal escreveu mais tarde sobre isso: “Conheço uma pequena pousada perto de Meran onde, de vez em quando, os nazistas ilegais e os judeus ilegais passavam a noite sob o mesmo teto sem saber um do outro”. Os judeus eram escondidos no segundo andar e instruídos a não se agitar; e os nazistas no andar térreo eram advertidos para não se deixarem ver fora do estabelecimento”.

Os nazistas em fuga tinham uma calorosa recepção em Tirol do Sul e, frequentemente, permaneciam na área por algum tempo, talvez em Bolzano ou Bressanone, onde o bispo Johannes Baptist Geisler deixou propriedades e mosteiros abertos para abrigá-los, ou em casas particulares ou hospitais em Termeno, onde o prefeito ficou feliz em entregar as autorizações de residência necessárias para obter cartões de identificação, ou na cidade termal de Meran, conhecida na época como “El Dorado” para a SS e outros líderes nazistas. Uma vez em segurança no Tirol do Sul, havia várias organizações clandestinas que cuidavam da fuga de nazistas e prisioneiros de guerra, ajudando-os a encontrar alojamentos seguros. Convenientemente, a região também tinha sido uma base para falsificadores em tempo de guerra que ainda estavam equipados para fornecer-lhes documentos falsos. Uma vez em posse destes, eles podiam solicitar um passaporte oficial da Cruz Vermelha em Gênova ou Roma.

Não se sabe o número de refugiados que passaram pelos desfiladeiros dos Alpes em fuga das terras germânicas para o nordeste da Itália da metade até o final dos anos 40, mas as estimativas variam de 400.000 a bem mais de um milhão. O que se sabe é que esta constante onda de migrantes continha milhares de homens e mulheres que eram criminosos de guerra, e que todos os envolvidos em sua fuga da justiça sabiam disso.

A rota para a Itália através do Tirol do Sul tornou-se a saída de emergência preferida de muitos nazistas seniores, por várias razões. Nas semanas finais da guerra, os demais quadros do Partido Nazista, SS e Wehrmacht estavam reunidos em três grupos. Os do Leste, na Boêmia e na Morávia, foram isolados do Oeste pelos exércitos americano e soviético. Os de Schleswig-Holstein, no Norte, foram cercados pelos britânicos, e não havia um caminho claro de fuga através da Noruega e Dinamarca liberadas ou através da Suécia neutra. Com as forças Aliadas bloqueando o caminho para o Oeste, a única rota de fuga viável era o Sul. Uma força alemã significativa permaneceu na Baviera nos últimos dias da guerra. Várias unidades da SS e do exército tinham chegado lá, acreditando que estavam sendo feitos preparativos para uma batalha final que seria travada na Fortaleza Alpina. Alguns eram fanáticos leais que estavam dispostos a morrer pela causa. A maioria usava a fantasia de uma última posição apocalíptica para se posicionar perto da fronteira do Reich com a Itália. E os fugitivos alemães que planejavam tentar a sorte em Tirol do Sul sabiam que era um dos poucos lugares onde poderiam esperar encontrar abrigo e apoio na Europa Ocidental em 1945. Como tal, praticamente tudo o que restava do Terceiro Reich estava localizado aqui no final de abril daquele ano.

Apesar de ter sido uma província da Itália durante a maior parte do século XX, o Tirol do Sul fez parte do mundo alemão durante a maior parte de sua história. Desde a Idade Média, a terra tinha sido governada por senhores alemães e austríacos, e povoada, em sua maioria, por falantes de alemão. Em 1915, porém, o Tratado Secreto de Londres prometeu o Tirol do Sul à Itália como recompensa por se juntar à guerra do lado dos Aliados. Essa promessa foi cumprida na Conferência de Paz de Paris, e em setembro de 1919, esta região essencialmente teutônica se viu governada por Roma distante. Quando Mussolini chegou ao poder, alguns anos mais tarde, a cultura alemã no Tirol do Sul foi suprimida, pois ela deveria ser a italiana. Era ilegal o uso do alemão na vida oficial ou nas escolas. Os jornais alemães foram fechados. Os principais empregos na polícia e na administração foram para os imigrantes confiáveis da península. Esquadrões de camisas negras fascistas perturbavam as reuniões de pessoas locais que protestavam ou tentavam manter as tradições regionais. Inevitavelmente, depois de 1933, os sul-tiroleses de língua alemã procuraram Hitler para libertá-los da tirania romana. A aliança do Führer com Mussolini adiou esse resultado, mas em um referendo realizado em outubro de 1939, para resolver a questão do Tirol do Sul, 85% votaram para se tornarem cidadãos alemães. No caos que se seguiu à partida da Itália da Segunda Guerra Mundial, as forças alemãs tomaram posse da área em setembro de 1943. Durante os 19 meses seguintes, o Tirol do Sul foi efetivamente governado pelo exército alemão, pela polícia e pela SS. Muitos aspirantes a fugitivos fizeram seus planos para o futuro: rotas foram traçadas, contatos feitos, bens transferidos e afastados de forma espirituosa. Até mesmo membros seniores da elite nazista conseguiram tirar suas famílias desta região, incluindo a esposa de Hermann Göring, Emmy, e a família de Martin Bormann.

A área foi ocupada pelas tropas Aliadas na segunda metade de 1945, mas seus esforços para reforçar a segurança foram caóticos e poucos alemães foram entregues às autoridades; até mesmo os soldados regulares da Wehrmacht estavam confiantes o suficiente para se esconderem ali. Em dezembro, as tropas retiraram-se e o Tirol do Sul tornou-se a primeira região de língua alemã a não estar mais sob ocupação, tornando a área ainda mais atraente para nazistas e membros da SS ainda escondidos na Alemanha e na Áustria.

DOCUMENTOS, PORTOS E MAIS ALÉM

Uma vez ultrapassada a fronteira com o norte da Itália, os fugitivos enfrentavam novos desafios. Eles se juntavam a milhões de outros em movimento: aqueles que haviam escapado do território ocupado pelo Exército Vermelho, prisioneiros de guerra, pessoas deslocadas (PDs), sobreviventes dos campos de concentração e assim por diante, todos tentando encontrar seu caminho de volta para casa ou para um novo lar. Os destinos preferidos eram o sul da Itália, em particular Roma, portos italianos como Gênova, e a Espanha, em particular Barcelona. Para viajar com segurança, era necessário ter documentos, especialmente identidades e, se necessário, documentos de viagem.

A ajuda estava disponível para aqueles que ainda não os tinham adquirido no Tirol do Sul, tanto oficialmente, porque o governo italiano queria pessoas fora do país, como não oficialmente, através da Cruz Vermelha Internacional por razões humanitárias. Além disso, a Igreja Católica e o Vaticano queriam ajudar os "anticomunistas" a fugir dos soviéticos. Os PDs eram protegidos pelas Nações Unidas e podiam solicitar à Cruz Vermelha cartões de identidade; os detentores desses cartões podiam viajar para qualquer lugar. Aqueles sem passaportes ou de nacionalidade não definida também podiam adquirir novos passaportes da Cruz Vermelha, com a vantagem adicional de registrá-los em qualquer nome. Especialmente atraente era o fato de que as fotos nos passaportes não tinham nenhuma impressão e eram fáceis de serem trocadas.

O sistema estava aberto a abusos. A Cruz Vermelha enviou milhares de passes em branco para seus escritórios em Roma e Gênova, o que exigia apenas verificações de identidade superficiais para os candidatos. Os nazistas podiam obter declarações juramentadas para esses passes de organizações eclesiásticas que, supostamente, deveriam estar oficialmente ajudando refugiados de países católicos. O historiador austríaco Gerald Steinacher forneceu provas da cumplicidade do Vaticano nisso, alegando que o secretário de estado papal, Giovanni Montini, que mais tarde se tornaria Papa Paulo VI, permitiu o funcionamento de comitês de ajuda em Roma pelo bispo Alois Hudal e Monsenhor Krunoslav Draganović que foram usados pelos nazistas em fuga e seus colaboradores (ver Capítulo 7). Em troca, muitos homens da SS se permitiram ser rebatizados. Steinacher argumenta que isto era parte de uma estratégia do Vaticano para recristianizar a Europa.

Uma das primeiras rotas de fuga era para a Espanha. Embora a Espanha tivesse permanecido nominalmente um país independente durante a Segunda Guerra Mundial, ela tinha laços estreitos com a Alemanha. Hitler forneceu tropas e material militar que ajudaram a ditadura fascista do General Franco a vencer a Guerra Civil espanhola em 1939, contra o governo "comunista" republicano. Um acordo assinado entre o General Martínez Anido e Heinrich Himmler, em julho daquele ano, revelou objetivos comuns para erradicar os comunistas e outros elementos subversivos, o que explica porque os nazistas deportaram cerca de 10.000 refugiados espanhóis - que haviam fugido para a França por medo do novo regime de Franco - para campos de concentração na Alemanha. Os objetivos comuns também são revelados pela lista de nomes de 6.000 judeus elaborada pelo regime de Franco e "presumivelmente dada a Himmler", de acordo com o jornal *El País*. As conexões entre os regimes nazista e franquista continuaram a crescer, com cerca de 350 empresas espanholas controladas por uma holding chamada Sofindus fornecendo secretamente materiais militares aos alemães. Seu produto mais importante era tungstênio - extraído na Galiza e usado para endurecer a blindagem dos tanques alemães - cuja venda trouxe fundos muito necessários para a economia espanhola.

O apoio aos nazistas na Espanha também veio da Igreja Católica, muitas vezes com a conivência do Vaticano. As forças republicanas haviam sido responsáveis pela morte de centenas de padres e freiras durante o conflito espanhol; o legado disso não era necessariamente o amor aos nazistas, mas o medo dos comunistas. Para alguns dos que atravessavam a fronteira para o norte da Itália ou para o leste da França, a Espanha era um destino atraente. Ela oferecia um porto seguro para aqueles que queriam viver lá, e rotas seguras para fora de seus portos para a Argentina e outros destinos sul-americanos. Tanto Charles Lesca, membro da direita Action Française, quanto Pierre Daye, colaborador nazista belga, fizeram a viagem com sucesso com a ajuda do cardeal argentino Antonio Caggiano - Lesca para o Uruguai e Daye para a Argentina – e, posteriormente, organizaram a trilha de chegada para outros. A rota ganhou até mesmo um apelido, *Das Trampolin*, porque a partir dali os nazistas atravessavam o Atlântico para países amigos na América do Sul. Mas muitos permaneceram na península. Em 1946, estima-se que havia centenas de criminosos de guerra e milhares de nazistas e fascistas na Espanha, muitos vivendo em segurança e conforto em Barcelona, Madri e, mais tarde, em Denia, na Costa Blanca.

Em 1998, o jornalista do *El País* José María Irujo procurou nos arquivos do governo espanhol e descobriu uma lista de 104 nazistas que viviam na Espanha logo após a guerra, juntamente com provas de que estavam protegidos pelo governo espanhol. Ele encontrou provas de outros 600 nazistas que tinham escolhido ficar, como Otto Remer, um general da SS, e Leon DeGrelle, um ex-líder da Waffen-SS que tinha chegado lá apesar de enfrentar a sentença de morte em sua Bélgica natal.

Mesmo após a morte de Franco e a restauração da democracia, em 1975, o novo governo socialista continuou a bloquear os esforços para levar os criminosos de guerra nazistas à justiça. A investigação de Irujo expôs a aparente neutralidade da Espanha na Segunda Guerra Mundial, pintando-a, em vez disso, sob o disfarce de um Estado colaborador.

O CAMINHO ROMANO

Aqueles que tiveram a sorte de obter os documentos, passaportes e vistos de viagem necessários em Tirol do Sul - como Josef Schwammberger,

O fanático antissemita Adolf Eichmann foi solicitado por Reinhard Heydrich para ajudar a gerenciar a deportação em massa de judeus para campos de concentração. Ele ficou mais do que feliz em ajudar.

o comandante sádico do campo de trabalho na Polônia ocupada pelos nazistas, Adolf Eichmann, "arquiteto do Holocausto", e Dr Josef Mengele - foram diretamente para Gênova, provavelmente via Verona, onde embarcaram em navios com destino à Argentina. A assistência do Vaticano veio através da *Pontificia Commissione di Assistenza* (PCA), um departamento criado pelo Papa Pio XII para ajudar os refugiados. Mediante solicitação, em qualquer nome, mas reivindicando a apátrida, uma carta de recomendação seria fornecida com algumas linhas confirmando a nova identidade, juntamente com o papel timbrado e a assinatura da PCA. Isto era suficiente para garantir o fornecimento de um passaporte da Cruz Vermelha Internacional que, por sua vez, era suficiente para obter vistos e documentos de viagem para quaisquer destinos pretendidos.

Outros viajaram para o Sul, indo para a capital italiana, geralmente ficando em mosteiros ao longo do que ficou conhecido como o Caminho Romano. Havia duas rotas chave em operação em Roma. Uma foi organizada pelo bispo austríaco Alois Hudal, pároco da igreja nacional de língua alemã em Roma, Santa Maria dell"Anima. Aclamado publicamente como apoiador de Hitler, seu sonho, segundo o teólogo alemão Maximilian Liebmann, era ser um construtor de pontes entre os nazistas e a Igreja Católica. Embora Hudal estivesse operando independentemente do Vaticano em 1945, ele continuou a viver na Anima. Hudal fez muito para dar notoriedade à Igreja Católica como uma rota de fuga para os nazistas. Embora as histórias de que ele tinha um cartão dourado de membro do Partido Nazista sejam provavelmente falsas, ele era solidário às crenças nacional-socialistas - embora não ao ponto de acreditar no Führer como um Deus. Seu ódio ao comunismo e seu intenso nacionalismo o levaram a ajudar na fuga dos nazistas, permitindo que centenas de criminosos de guerra e outros escapassem para a Argentina, norte da África e Oriente Médio.

A outra linha de fuga foi operada por Krunoslav Draganović, um antigo membro da organização fascista Ustaše e bispo católico de alto escalão enviado à capital italiana em 1943. Armado com conexões importantes com o Vaticano, ele organizou sua rede clandestina na igreja de San Girolamo (São Jerônimo), que cobria a Itália, Áustria e Alemanha. Durante a guerra, o Estado Independente da Croácia havia operado como um estado fantoche da Alemanha nazista. Era um estado unipartidário, governado pelo líder Ustaše Ante Pavelić. Um dos regimes mais letais do século XX e que visava, entre outras minorias, sérvios, judeus e ciganos em uma campanha de genocídio em larga escala. Draganović que apoiou o programa racial de Pavelić, serviu como capelão no campo de concentração de Jasenovac, onde se estima que 750.000 pessoas morreram pelas mãos de brutais bandidos Ustaše

Draganović estabeleceu uma rota eficiente com a ajuda de vários outros prelados católicos veteranos em Roma, Gênova e Viena que tinham servido anteriormente na Ustaše e eram eles mesmos criminosos de guerra. No final da guerra, Pavelić e alguns de seus mais leais e brutais assassinos em massa chegaram à Áustria com medo de represálias. Eles foram alojados em um mosteiro em Salzburg e receberam documentos da Cruz Vermelha para permitir que o Padre Vilim Cecelja viajasse até Roma. Lá, eles viviam em propriedade da igreja, muitas vezes viajando pela cidade em veículos do Vaticano com placas diplomáticas, que não podiam, portanto, ser detidos. Quando sua presença na cidade foi descoberta pela inteligência norte-americana, Pavelić foi autorizado a partir para a América do Sul para evitar o embaraço ao Vaticano. Ele usou dinheiro roubado de vítimas de extermínio e dos cofres da San Girolamo, entregues a ele pelo Padre Dominic Mandić, e passagens fornecidas por Monsenhor Karlo Petranović, agente de Draganović em Gênova. Viajando sob o nome Pablo Aranyos, Pavelić deixou a Itália em 13 de setembro de 1947, chegando a Buenos Aires em 6 de novembro, a bordo do navio italiano SS *Sestriera*. Sua chegada completou a transferência de quase todo o seu governo para a Argentina (ver Capítulo 7).

ARGENTINA E OUTROS LUGARES

Arquivos recém-descobertos na Argentina revelam uma lista de 12.000 ex-nazistas que viveram lá na década de 1930. Esta ligação não era nova, pois a influência alemã estava bem estabelecida em toda a América do Sul, e na Argentina em particular, na virada do século XX. O considerável afluxo de imigrantes não apenas da Alemanha, mas também da Itália e da Espanha, garantiu à Argentina a manutenção de seus laços estreitos de longa data com os três países europeus. Durante a Segunda Guerra Mundial e, certamente, com a ascensão dos nazistas, o vínculo foi alimentado mutuamente. A Alemanha prometeu à Argentina acordos comerciais e relações econômicas na conclusão da guerra em troca de seu apoio.

Em 1946, Juan Domingo Perón tornou-se presidente da Argentina. Um populista que foi eleito com um bilhete de apoio aos pobres e à classe trabalhadora, ele havia servido no exército fascista italiano de Mussolini na década de 1930 e apoiava abertamente Hitler. Como presidente, ele deixou claro que acolheria qualquer ex-nazista que quisesse viver na Argentina. Embora não tenha sido confirmado até o final dos anos 70, ele também foi pessoalmente ativo na supervisão da passagem segura de centenas ou mesmo milhares de membros da SS nos anos após a guerra. Muitos pegaram as *ratlines* através da Itália e Espanha, usando fundos judeus saqueados, artes e joias para comprar seu caminho para a liberdade, pagando a quem pudessem confiar para ajudar na sua passagem segura.

Para a Argentina, os benefícios foram grandes. Muitos nazistas chegaram com dinheiro, habilidade e experiência. O dinheiro foi investido em indústrias e fábricas, habilidades foram utilizadas por empresas de propriedade alemã, e o próprio Perón estava interessado em assumir líderes militares experientes e projetistas de aeronaves do Terceiro Reich que quisessem fazer do país o seu lar. Uma vez em solo argentino, a cidade patagônica de Bariloche era um destino atraente para estes homens desesperados. Em um lindo cenário alpino próximo à fronteira com o Chile, ela estava longe dos olhos curiosos e tinha sido o lar de uma comunidade alemã por mais de cem anos.

A Argentina não foi o único país sul-americano a oferecer abrigo aos fugitivos nazistas. Peru, Chile, Paraguai e Brasil também provaram ser portos seguros para aqueles que fugiam da justiça Aliada, embora a maior parte deles depois que Perón foi expulso do poder, em 1955. Uma onda anti-peronista se espalhou pelo país após sua derrota, e muitos ex-nazistas temiam ser caçados e enviados de volta para a Europa para enfrentar o julgamento. A maioria deles se dispersou pelos países vizinhos, mantendo-se discretos com a ajuda de pseudônimos adotados. Alguns tiveram mais sucesso em evitar a detecção do que outros (ver Capítulo 10).

Esta fuga em massa, muitas vezes, à vista das autoridades Aliadas na Europa, aponta para o fato de que os interesses das partes envolvidas fizeram com que houvesse uma convergência fortuita. Por diferentes razões, tanto os Aliados como a Argentina sentiram que seria melhor deixar escapar estes criminosos de guerra. Tomar um desses caminhos permitiu que alguns dos assassinos mais notórios do regime nazista escapassem da justiça, inclusive: Adolf Eichmann, um dos fugitivos mais caçados da história; Josef Mengele, o notório e sádico “médico de Auschwitz”; Walter Rauff, inventor das câmaras de gás móveis; Gerhard Bohne, que trabalhou no programa de eutanásia Aktion T4; Franz Stangl, comandante dos campos de morte Sobibor e Treblinka, na Polônia; Josef Schwammberger, o comandante sádico dos campos de trabalho; Erich Priebke, o comandante da SS que ajudou a organizar o massacre das Grutas de Ardeatine, quando 335 partidários italianos foram mortos em Roma; e o notório Klaus Barbie, mais conhecido como o "Carniceiro de Lyon". Para os Aliados, os nazistas estavam perdendo seu brilho: era caro persegui-los, a necessidade de vingança estava enfraquecendo, e havia outro inimigo - os comunistas.

ME AJUDA QUE EU O AJUDO TAMBÉM

Nas últimas semanas da guerra, quando os primeiros nazistas se reuniram no Tirol do Sul para planejar sua fuga através das montanhas para o norte da Itália, Allen Dulles, representante do Escritório de Serviços Estratégicos (ESE, precursor da CIA) na Suíça, estava negociando a rendição das forças alemãs naquele teatro com o general da SS Karl Wolff. Com os combates terminando ali antes do que no norte da Europa, Dulles estava entre os primeiros a abrir canais de comunicação com oficiais de alto escalão da SS. Dulles e seu irmão, John Foster - Secretário de Estado do Presidente Dwight D. Eisenhower - já eram apoiadores entusiastas da reabilitação da Alemanha como aliada contra a crescente maré do comunismo soviético. Esta conexão inicial mostrou-se útil para ambos os lados.

Os Aliados estavam, é claro, cientes da existência das *ratlines*. A princípio, sua política era de observação, permitindo-lhes acompanhar os movimentos de antigos nazistas e colaboradores, mas tudo isso mudou em setembro de 1945, quando o Major General Reinhard Gehlen chegou em Washington DC, tendo se rendido às forças norte-americanas na Baviera. Um oficial líder da Wehrmacht e membro da Odessa, uma organização de ex-membros da SS que já havia estabelecido sua própria linha de atuação, Gehlen era o principal conhecedor do Exército Vermelho e suas táticas no campo de batalha. Ele também tinha construído uma enorme massa de arquivos de inteligência sobre

O criminoso nazista Erich Priebke em julgamento em Roma, em 1996, pelo massacre das Grutas de Ardeatine, em Roma.

a Europa Oriental e a União Soviética em particular, que continham informações vitais para os americanos em sua luta contra a "nova" ameaça comunista.

O resultado de sua rendição foi o estabelecimento de uma rede de inteligência EUA-Alemanha especificamente para espionar a União Soviética. Em julho de 1946, a Org Gehlen, como era chamada, começou seu trabalho, empregando agentes em todo o bloco soviético para fornecer informações para a CIA - por exemplo, sobre desenvolvimentos dentro das nações do Pacto de Varsóvia, atividades de espionagem e monitoramento do tamanho da frota de mísseis russa. Entre seus funcionários estavam ex-membros da Wehrmacht, da SS e da Gestapo, incluindo Alois Brunner, o assistente de Adolf Eichmann, o major da SS Emil Augsburg, assassino em massa de judeus poloneses e outros "indesejáveis", Frank Six, que supervisionou os assassinatos de centenas de judeus no gueto de Smolensk, e Klaus Barbie.

Barbie, um notório ex-chefe da Gestapo, responsável pelo assassinato de milhares de judeus franceses e membros da resistência, representou um novo aspecto do uso das *ratlines*. De acordo com os então desclassificados relatórios de inteligência do Exército dos EUA, em 1950, as forças norte-americanas começaram a usar a rede Draganović para evacuar seus próprios "visitantes", como eram chamados. Barbie foi "recrutado" por sua postura anticomunista e seu conhecimento das técnicas de interrogatório britânico e das atividades de inteligência francesa. Isto tinha sido feito com pleno conhecimento de que Barbie era procurado pelo governo francês para enfrentar acusações criminais.

Assim como Perón na Argentina, os Estados Unidos estavam interessados em não perder ativos potenciais entre os técnicos nazistas, cientistas e ex-estrategistas militares que fugiam da Alemanha. A intenção era atingir seu ápice com as operações secretas *Bloodstone* e *Paperclip*, ambas partes da campanha da Guerra Fria dos EUA.

A primeira delas foi para recrutar antigos nazistas e colaboradores para serem usados como especialistas em inteligência e operações secretas para realizar "propaganda, guerra econômica, sabotagem, medidas antissabotagem, demolição e evacuação" contra o estado soviético, e oferecer assistência a quaisquer movimentos de resistência, elementos anticomunistas, guerrilheiros e grupos de libertação de refugiados em países comunistas. A Operação *Paperclip* viu mais de 1.600 cientistas, engenheiros e técnicos alemães - muitos deles ex-membros do Partido Nazista - serem levados para os EUA entre 1945 e 1959 para dar-lhes uma vantagem sobre os soviéticos na Guerra Fria e na corrida espacial (ver Capítulo 9).

OUTRAS *RATLINES*, OUTRAS ORGANIZAÇÕES

Havia muitas rotas para fora da Alemanha, em todas as direções. Como resultado da demanda, desenvolveram-se outras *ratlines*, apoiadas por outros países, grupos de apoio nazista, grupos políticos de direita, ex-soldados, armadores e empresários sombrios interessados em ganhar algum dinheiro. Era um quadro confuso e, embora houvesse riscos associados, as recompensas potenciais eram tentadoras.

As conexões entre a Suíça e a Alemanha eram óbvias em termos de geografia, controles fronteiriços, bancos e comércio. Sua política de "não envolvimento", proclamada oficialmente em 1815, foi severamente testada durante a Segunda Guerra Mundial, e os historiadores ainda discutem sobre isso. Na realidade, em 1940, a Suíça estava completamente cercada pelas potências do Eixo, e só evitou a invasão dos nazistas porque eles estavam preocupados com outros lugares e porque os bancos suíços provaram ser um repositório útil para os ganhos ilícitos obtidos pelos nazistas. Mas havia mais. Os suíços impuseram leis rigorosas para regular o afluxo de refugiados judeus, em muitos casos, negando completamente a entrada e, de outra forma, tributando a comunidade judaica local para qualquer refugiado autorizado a entrar. Pior ainda eram as acusações de que os bancos suíços escondiam grandes quantidades de ouro coletado das vítimas do Holocausto enviadas para os campos de morte, e que também davam assistência aos nazistas em termos de lavagem de dinheiro. Altos funcionários suíços, como o presidente do Comitê Internacional da Cruz Vermelha, Carl Jacob Burckhardt, e o chefe da polícia, Heinrich Rothmund - ambos seriamente anticomunistas - também eram suspeitos de permitir que os nazistas passassem livremente através de suas fronteiras e para a Itália. Juntamente com Carlos Fuldner, ex-integrante da SS da Argentina, que teve contatos com o chefe da inteligência de Perón, Rothmund e outros dizem ter facilitado a fuga de muitos criminosos de guerra para Buenos Aires.

Enquanto a Suíça era neutra, a Suécia se declarou "não beligerante" em 1939 e, em sua maioria, foi capaz de manter esta política durante toda a guerra, oferecendo concessões tanto à Alemanha nazista quanto aos Aliados, mantendo vínculos comerciais e até mesmo oferecendo ajuda à Finlândia quando atacada pelo Exército Vermelho, em 1939. Na verdade, alguns suecos lutaram pela Alemanha e outros pelos Aliados; era uma escolha pessoal e não uma política do governo sueco. Entretanto, a Suécia tinha sido o lar de movimentos de extrema-direita desde os primeiros anos do século XX e, em 1945, Per Engdahl, o líder do movimento fascista sueco, organizou uma rota de fuga através de sua rede, mais tarde conhecida como o Movimento Malmö. Ele contrabandeou nazistas através do norte da Alemanha e da Dinamarca para sua cidade natal de Malmö. De lá, eles eram transferidos para vários lugares no sul da Suécia, e depois enviados por navio de Gothenburg para a América do Sul. Alguns retornaram à Alemanha, porque as autoridades americanas haviam começado a liberar antigos membros da SS devido às despesas de mantê-los presos. Desta forma, Engdahl alegou ter "salvo" cerca de 4.000 nazistas.

O nome Odessa (*Organisation Der Ehemaligen SS-Angehörigen* - Organização dos Antigos Membros da SS) passou para a consciência popular principalmente devido ao livro de Frederick Forsyth, *The Odessa File* (publicado em 1972) e do filme subsequente, que relata a história de como ex-oficiais da SS se reuniram após a guerra para ajudar os nazistas de alto escalão a escapar da Alemanha, com o objetivo de reconstruir sua organização e criar um Quarto Reich. Embora admitindo que existiam alguns fatos históricos genuínos no romance, muitos historiadores estavam céticos sobre a existência de tal Organização. No entanto, o sobrevivente do Holocausto e caçador de nazistas Simon Wiesenthal estava convencido de sua existência desde o momento em que ouviu falar dela no decorrer dos julgamentos de Nuremberg.

Ele acreditava que uma rede tivesse sido estabelecida já em 1944, numa reunião secreta de industriais, incluindo o magnata do aço Fritz Thyssen, em Estrasburgo. Os delegados concordaram que uma rota de fuga era necessária rapidamente, pois a probabilidade de derrota alemã e o medo de represálias subsequentes a tornavam primordial. Os envolvidos nos estágios iniciais da Organização incluíram: Charles Lesca; Otto Abetz, o embaixador alemão em Paris; e o presidente argentino Juan Domingo Perón, que criou um novo departamento governamental para esse fim.

Há rumores de que os "membros" mais famosos de Odessa foram Erich Priebke, Josef Mengele e Adolf Eichmann, embora se diga que milhares de nazistas tenham sido ajudados por esta rede secreta. O quão organizada ela era nunca veio à tona, e é muito provável que as rotas que ela utilizava se unissem de forma aleatória, como última opção para um grupo de fugitivos assustados e desesperados, correndo por suas vidas. Outra Organização, dita ser uma filial de Odessa, foi *Die Spinne* (A Aranha). Formada em Madri, em 1945, por Otto Skorzeny - chefe de comando de Hitler - e o chefe da inteligência Reinhard Gehlen, diz-se que a Organização ajudou 600 nazistas, incluindo Mengele, a escapar para a América do Sul e o Oriente Médio.

Havia também ajuda disponível para aqueles nazistas que não tinham escapado. A *Stille Hilfe* (Assistência Silenciosa) foi criada em 1951 para ajudar ex-membros da SS que haviam sido presos, condenados ou estavam de alguma forma em risco. Ela operava uma linha de fuga desde 1946, mas se reorganizou como uma associação sem fins lucrativos em busca de fundos da Igreja Católica, da aristocracia e dos conservadores da classe média alta. Sua primeira presidente foi Helene Elisabeth, a Princesa von Isenburg, escolhida por sua ampla rede de contatos. Suas primeiras preocupações se centraram em torno daqueles que estavam em julgamento em Nuremberg, organizando assistência jurídica, tentando influenciar a opinião pública contra qualquer sentença de morte e oferecendo ajuda àqueles que eram sentenciados à forca.

Assim como a Princesa von Isenburg, membros proeminentes da *Stille Hilfe* incluíam Gudrun Burwitz, filha de Heinrich Himmler, e Johannes Neuhäusler, um alto representante da Igreja que havia sido preso pela Gestapo e enviado a Dachau. Neuhäusler disse que queria "pagar o mal com o bem", uma opinião que se destacou amplamente na nova Alemanha Ocidental do pós-guerra. Embora ainda exista, a *Stille Hilfe* teve seu status caridoso revogado, e nos últimos anos tem atraído críticas pelas conexões neonazistas.

Uma associação de veteranos semelhante, a *Hilfsgemeinschaft auf Gegenseitigkeit der Angehörigen der ehemaligen Waffen-SS* (associação de ajuda mútua dos antigos membros das Waffen-SS), era um grupo de lobby e uma organização negacionista fundada por antigos altos funcionários das Waffen-SS na Alemanha Ocidental, em 1951. Seu objetivo era alcançar a reabilitação legal, econômica e histórica das Waffen-SS. Inicialmente bem-sucedida em seu argumento de que os soldados das Waffen-SS haviam sido tratados pior do que outros em seus campos de prisioneiros de guerra, sua reputação sofreu ao longo dos anos devido às opiniões "consistentemente racistas, antissemitas e antidemocráticas" expressas por vários membros. Como a consciência do público alemão sobre as atrocidades da SS cresceu durante os anos 70 e 80, a ideia de que as Waffen-SS não tinham estado diretamente envolvidas no assassinato de prisioneiros de guerra ou outras atrocidades nazistas foi completamente desacreditada. O grupo foi finalmente dissolvido em 1992.

Enquanto a maioria dos grupos de apoio nazistas estavam baseadas na Alemanha, um - *Kameradenwerk* (trabalho dos camaradas) - na Argentina, foi criado pelo ex-piloto de ataque terrestre Hans-Ulrich Rudel, o mais condecorado militar alemão da Segunda Guerra Mundial. Tendo se rendido às forças norte-americanas em 1945, Rudel seguiu para Roma e para Buenos Aires em 1948, através da *ratline*. Um nacional-socialista comprometido e impenitente, ele fundou sua organização de auxílio para ajudar os nazistas a escapar da Alemanha e chegar em segurança à América do Sul ou ao Oriente Médio, além de enviar pacotes de alimentos e ajudar com taxas legais para criminosos nazistas presos na Europa, como Rudolf Hess e Karl Dönitz. Ele se tornou amigo de Juan Perón, através do qual conseguiu contratos lucrativos com os militares brasileiros e o regime boliviano, com Augusto Pinochet no Chile, e Alfredo Stroessner no Paraguai. Ele retornou à Alemanha em 1953 para entrar na política como membro do Partido do Reich (DRP) neonazista alemão, mas não foi eleito para o Bundestag nas eleições federais daquele ano. Ele morreu em 1982.

Embora seja impossível estimar o número de nazistas que escaparam da acusação por crimes de guerra deixando a Alemanha pelas *ratlines*, há evidências de rotas de fuga que levavam à Argentina, Paraguai, Equador, Colômbia, Chile, Peru, Brasil, Bolívia e Uruguai, na América do Sul; Guatemala, na América Central; México, EUA, Canadá, na América do Norte; Espanha, Portugal, Áustria, Suíça e Irlanda, na Europa; Argélia, Egito e Tunísia, no norte da África; Arábia Saudita, Síria e Irã, no Oriente Médio; e Afeganistão e Paquistão, na Ásia. Todas estas *ratlines* tiveram seus caminhos abertos por seus mestres.

CAPÍTULO 7

OS MESTRES DOS RATOS

Nos ÚLTIMOS anos da década de 1940, os turistas de antes da guerra tinham apenas começado a voltar para a cidade esgotada de Roma. Na magnífica Piazza Navona, havia alguns sinais de retorno da vida. Ocasionalmente, o estranho sedã preto ou o jipe do exército dos Estados Unidos se movimentavam em torno da rua pavimentada que ainda traçava o antigo perímetro do estádio do Imperador Domiciano. Na maioria dos dias, havia poucos turistas, geralmente pequenos grupos de militares Aliados ou marinheiros em alguns dias de licença das frotas britânica e americana atracadas ao largo de Nápoles. Como sempre, os *maneggioni*, ou vigaristas, que exerciam seu ofício nas ruas da Roma do pós-guerra, guardavam relógios roubados e contrabando semelhante para esses poucos turistas uniformizados. Um punhado de mulheres do campo voltou à praça, sentadas sob as fontes monumentais de Bernini, vendendo seus cestos de frutas e flores. O famoso Bar Tre Scalini tinha acabado de abrir no lado oeste da "praça". E, como sempre na Cidade Eterna, padres de longas batinas negras se deslocavam de e para as muitas igrejas deste distrito particular de Roma.

Em 1946, um ouvinte cuidadoso da Piazza Navona e seus becos estreitos e sombreados ao redor, teria ouvido com frequência os distintos tons do discurso alemão, especialmente quando grupos de sacerdotes mais jovens passavam por ali. A poucos passos do lado ocidental da praça ficava o centro histórico da vida alemã em Roma, a igreja de Santa Maria dell"Anima, Nossa Senhora da Alma. Uma pequena placa de madeira junto à porta central da fachada da Anima exibia os dizeres: "Aqui Deus ouve orações na língua alemã". A igreja, havia muito tempo, era o lar espiritual da congregação alemã e austríaca da cidade. O complexo de edifícios austeros diretamente atrás dela fazia parte do Colégio Papal Teutônico, onde noviços católicos do norte germânico vinham para perseguir sua vocação. Na década após a guerra, no entanto, houve um aumento muito notável no número de vozes alemãs ouvidas dentro e ao redor da Anima; elas pertenciam, em sua maioria, a homens que não tinham intenção de entrar na batina mas que, certamente precisavam da ajuda da Igreja.

O BISPO *BROWNSHIRT*

Desde 1923, o reitor do seminário dentro do complexo Anima era o clérigo e acadêmico austríaco Alois Hudal, um homem pequeno e de boa índole que se tornaria um dos padres católicos romanos mais controversos do século XX. Hudal tinha uma carreira como pesquisador, pensador e professor em sua universidade de Graz, na Estíria, e tinha causado uma impressão pública favorável durante seu serviço como padre militar na Primeira Guerra Mundial. Uma vez colocado em Roma, ele também provou ser um pastor eficaz da congregação austro-germânica da cidade e uma fonte confiável de bons conselhos quando o Vaticano voltou sua atenção para as questões que afetavam a Áustria católica. Seus talentos foram recompensados em 1933, quando ele foi elevado à categoria de bispo. Depois deste ponto alto, sua

O bispo austríaco Alois Hudal era chefe da congregação austríaco-alemã de Santa Maria dell'"Anima em Roma, e admirador de Hitler. Ele ajudou a estabelecer as rotas de fuga para os nazistas.

carreira na Igreja estagnou, pois suas opiniões políticas cada vez mais francas divergiram da neutralidade oficial da Igreja durante o papado de Pio XI. Os primeiros escritos de Hudal sobre assuntos eclesiásticos e bíblicos o haviam marcado como um homem moderado, se bem que conservador e, portanto, "um par de mãos seguro". Depois que Hitler tomou o poder na Alemanha, porém, o trabalho de Hudal tomou uma direção política mais preocupante, refletindo a mudança no clima internacional em toda a Europa depois de 1933.

Como muitos líderes católicos de sua geração, Hudal temia que a mensagem eterna do cristianismo estivesse enfrentando uma investida mortal das atitudes seculares promovidas pelas democracias ocidentais e pela Rússia soviética. E, como muitos austríacos conservadores, ele estabeleceu laços entre a ascensão do liberalismo, do socialismo e do marxismo, e suspeitou da influência dos judeus internacionais por trás desses movimentos. Ele se ressentiu da predominância crescente das ideias "judaico-marxistas" nas universidades, e temia especialmente os bolcheviques sem Deus e seu movimento comunista internacional, que parecia estar espalhando seus tentáculos pelo mundo. Hudal foi inevitavelmente atraído pelas correntes da propaganda nacional-socialista que retratavam a Nova Alemanha como um baluarte militar e moral contra a Ameaça Vermelha no Oriente. Nos anos intermediários da década, Hudal sentiu cada vez mais que a Igreja Católica precisava encontrar uma forma de trabalhar com o novo regime alemão que lhe parecia representar "a esperança para o futuro".

Em 1937, Hudal publicou *Foundations of National Socialism*, um livro que tentava encontrar uma base comum entre o catolicismo e o nazismo. Não compreendendo a verdadeira impiedade do movimento nazista, ele ingenuamente acreditava que a Igreja Católica poderia trabalhar com Hitler e seu governo, e assim continuar a ser responsável pela educação moral dos jovens alemães. Em troca, a Igreja daria seu apoio ao Partido em sua luta contra o comunismo internacional. Hudal esperava que a influência da Igreja "cristianizasse" o tom moral brutal dos nazistas. Na cópia de seu livro, que ele enviou pessoalmente ao Führer, Hudal comparou Hitler ao grande herói Wagneriano, Siegfried. Hitler ficou lisonjeado, expressou algum interesse nas ideias de Hudal e permitiu a impressão de uma edição muito limitada do livro para a leitura de intelectuais do Partido, como Alfred Rosenberg. A liderança nazista, entretanto, tinha seus próprios planos para educar os jovens do Terceiro Reich, que estavam muito longe do sonho de Hudal de um vigoroso, mas virtuoso nacional-socialismo cristão.

A publicação de seu livro, mais alguns comentários públicos intemperados que Hudal fez, que eram antissemitas e abertamente pró-alemães, bloquearam qualquer avanço adicional dentro da Igreja. Ele também tinha ido à imprensa sem buscar a permissão oficial das autoridades da Igreja em Roma. Sua visão positiva da anexação alemã da Áustria, em 1938, envergonhou o papado em um momento difícil, quando este tentava desesperadamente manter a aparência de neutralidade e desapego aos eventos políticos na Europa. A evidente simpatia de Hudal por aspectos do nazismo lhe rendeu o apelido duvidoso de Bispo Marrom ou *Brownshirt*. Ele não era mais bem-vindo em reuniões de alto nível no Vaticano, foi efetivamente banido pela Igreja e cada vez mais isolado dentro de seu seminário. Na verdade, esta distância forçada da maquinaria do governo da Igreja através do rio Tibre foi útil para suas atividades durante e após a guerra.

SANTUÁRIO

Como muitas instituições católicas em toda a Europa durante a guerra, o enclave murado de Hudal ofereceu abrigo a homens e mulheres desesperados em fuga: refugiados deslocados, membros caçados da Resistência e até mesmo alguns militares Aliados que haviam escapado dos campos de prisioneiros de guerra. Hudal até escreveu em, 1943, ao General Stahel, o comandante militar alemão na cidade, pedindo-lhe que suspendesse as atividades terroristas contra os judeus em Roma, e ganhou algum alívio temporário para aquela antiga comunidade. Mas, após a queda do Terceiro Reich, o Bispo Marrom transformou sua igreja e seu seminário em um abrigo para as centenas de refugiados alemães que se dirigiam ao longo da rota principal que levava ao Sul através do desfiladeiro dos Alpes para as profundezas da Itália. Hudal sabia que muitos desses refugiados eram criminosos de guerra procurados, mas considerou estar ajudando homens desesperados, almas infelizes e "vítimas da história". Em uma carta ao General Perón, da Argentina, ele perguntou: "Quando na história da humanidade foi o serviço militar um crime moral, que fecharia a porta para um futuro pacífico e honesto...". Ignorando a crescente evidência do Holocausto e de outros crimes de guerra selvagens cometidos em toda a Europa durante a era de Hitler, o bispo Hudal justificou suas ações, afirmando que só estava ajudando homens que tinham sacrificado tudo na luta contra o bolchevismo insidioso.

O complexo da Anima estava bem-posicionado para servir de refúgio. Ele estava situado bem no coração da Roma cívica e ficava a mais de um quilômetro fora das muralhas medievais do Vaticano. No entanto, era considerado legalmente como pertencente ao antigo Estado da Igreja e, portanto, não fazia parte da Itália. Graças a um acordo entre Mussolini e o papado em 1929, a Anima gozava de privilégios diplomáticos extraterritoriais. O poder da lei italiana e da polícia italiana parava às suas portas. Era um santuário perfeito para os refugiados, incluindo os criminosos de guerra, que podiam esperar em segurança atrás de suas portas pelo melhor momento para partir para a próxima etapa de sua viagem, para uma nova vida longe da justiça Aliada.

AJUDANTES DO BISPO HUDAL

Além de um endereço seguro em Roma, Hudal também poderia dar apoio aos nazistas que precisavam de uma nova identidade e ajuda prática para escapar. Como um dos mais proeminentes prelados de língua alemã em Roma, ele conhecia as famílias ricas austríacas e alemãs ainda residentes em Roma. Ele também sabia quais poderiam ser persuadidas a ajudar seus compatriotas em dificuldades com algum dinheiro e outros suprimentos materiais. Em 1944, Hudal foi nomeado para supervisionar a *Assistenza Austriaca*, a seção diplomática do Vaticano encarregada de ajudar os refugiados austríacos. Este cargo lhe deu o direito de visitar os campos de prisioneiros de guerra no centro da Itália, onde muitos de seus compatriotas haviam acabado. Mais tarde, ele lembrou que isto lhe permitiu "visitar e confortar muitas vítimas em suas prisões e ajudar em sua fuga com novos documentos".

Uma vez em segurança na Anima, os nazistas fugitivos recebiam uma nova carteira de identidade emitida pelo bureau Hudal, muitas vezes forjada por um ex-capitão da SS, Reinhard Kopps, que tinha um escritório no seminário. Com este primeiro cartão oficial do Vaticano, era mais fácil para o titular obter os documentos subsequentes, que cimentariam seu novo nome mais profundamente na papelada. O próximo passo para a *ratline* era geralmente seguir para Gênova, onde o padre franciscano Dömöter mantinha uma casa segura em um dos becos estreitos e empedrados próximos ao cais do porto. Kopps e Dömöter eram habilidosos em inventar histórias plausíveis para fugitivos e em oferecer conselhos sobre como negociar rotas de fuga. Hudal também tinha ligações com diplomatas amigáveis em embaixadas importantes em Roma. Eles podiam ajudar a organizar documentos de viagem e passagens para navios com destino à América do Sul ou ao Oriente Médio. Ele tinha amigos na hierarquia da Igreja em Gênova, que serviam aos simpáticos homens de negócios, que dirigiam as linhas de navegação para fora daquele porto. O fugitivo com bens podia sempre comprar seu próprio bilhete, mas muitos tinham que ser ajudados com os fundos limitados de Hudal. Quando esses fugiam, os sem dinheiro, muitas vezes, tinham que esperar no abrigo de Dömöter até que uma mensagem de última hora viesse de um navio para dizer que passageiros legítimos não tinham aparecido e que um ancoradouro vazio tinha ficado disponível de repente. Hudal também tinha aliados úteis na outra ponta da linha transatlântica, como Antonio Caggiano, bispo do porto argentino de Rosário. Caggiano dirigia sua própria linha de fuga ajudando os colaboradores franceses a evitar "medidas duras e vingança privada", e os viajantes nazistas clandestinos podiam sempre contar com a ajuda dele na próxima etapa de sua viagem. Hudal teve outros contatos entre os mais altos níveis da sociedade argentina. Não foi surpresa, em 1947, quando ele foi convidado para uma recepção organizada pelas autoridades da cidade no Clube de Golfe de Roma, na Via Appia, para sua convidada glamourosa, Eva Perón.

Um dos contatos de Hudal, o diplomata suíço e professor de história, Carl Jacob Burckhardt, foi imensamente útil para ajudar refugiados duvidosos a sair da Europa. Incrustado na cultura e na história alemã, Burckhardt serviu como o alto comissário da Liga das Nações, em Danzig, durante seus últimos anos como uma cidade livre no final dos anos 30. No decorrer de suas funções, ele conheceu Hitler e muitos de seus ministros seniores enquanto planejavam tomar a cidade de volta sob controle alemão. Burckhardt desempenhou suas funções para a Liga e para Danzig de forma consciente e bem equilibrada. No entanto, ele compreendeu os impulsos étnicos e históricos que alimentavam o desejo nazista de corrigir o que eles viam como um dos erros infligidos à Alemanha pelo acordo de paz de 1919. Após a guerra, Burckhardt serviu como presidente do Comitê Internacional da Cruz Vermelha, de 1945 a 1948. Ele acreditava apaixonadamente que o

CICV deveria permanecer acima do clima predominante de vingança punitiva, pois ele temia que isso tornaria difícil para uma nova Europa pacífica emergir dos escombros. Como resultado, o CICV adotou uma estrita neutralidade em suas políticas e ações ao lidar com migrantes e refugiados. Foi uma postura que muitos criminosos de guerra foram capazes de explorar. A posse de uma carteira de identidade do Vaticano e de uma carta de recomendação assinada pelo bispo Hudal nunca foi questionada pelos funcionários do CICV responsáveis pela emissão de passaportes valiosos da Cruz Vermelha.

OS MELHORES RATOS DE HUDAL

O número de fugitivos alemães que usaram a *ratline* de Hudal no final da década de 1940, nunca será conhecido com certeza. Uma carta de Hudal ao Presidente Perón, datada de agosto de 1948, pede 5.000 vistos argentinos em branco para "guerreiros anticomunistas", o que sugere que o Bispo Marrom estava realizando uma operação em grande escala. Nem todos os alemães que passaram pela Anima eram criminosos de guerra, mas a lista de "ratos de Hudal" conhecidos contém muitos homens excepcionalmente culpados que estavam profundamente envolvidos no funcionamento do mecanismo de extermínio nazista.

Originalmente um oficial naval, no final dos anos 30, Walter Rauff era um oficial sênior da SS, tinha a confiança de Himmler e era um bom amigo de Reinhard Heydrich, outro dos principais arquitetos do Holocausto. A principal ligação de Rauff à infâmia foi seu desenvolvimento da câmara móvel de gás, em 1941-42. Ele havia testemunhado os fuzilamentos em massa de "indesejáveis" como judeus e ciganos na Europa Oriental, e havia discutido os problemas deste método de extermínio com colegas oficiais da SS. Eles concordavam que o fuzilamento era um procedimento lento e ineficiente, e que os homens nos destacamentos de assassinatos eram, frequentemente, afetados pelo "fardo" de cumprir suas ordens. Rauff, portanto, desenvolveu a câmara móvel de gás em uma tentativa de industrializar e desumanizar o assassinato em massa. Vítimas indesejadas em uma van trancada eram mortas pela emissão de monóxido de carbono do escapamento desviado do veículo. Até sessenta almas morreriam de forma invisível ao serem conduzidas para suas sepulturas pré-cavadas. No final de 1942, Rauff desempenhou um papel importante na destruição da comunidade judaica na Tunísia administrada por Vichy, e no confisco de suas riquezas. No ano seguinte, ele aumentou sua reputação de impiedade quando comandou todas as atividades da SS, SD e Gestapo no noroeste da Itália. Com a guerra se voltando claramente contra as potências do Eixo, no final de 1943, ele parece ter feito contato com o bispo Hudal para discutir formas de lidar com as consequências humanas da derrota alemã. Depois de escapar de uma multidão enfurecida em Milão liberta e, depois, fugir dos partidários, Rauff acabou em um campo de prisioneiros de guerra britânicos em Rimini, onde sua verdadeira identidade não foi detectada. Graças ao Hudal ele logo ficou livre e escondido em vários conventos e monastérios a caminho de Roma. No final de 1944, ele certamente encontrou o bispo quando iniciou um período de 18 meses dentro das paredes do seminário de Anima, mantendo-se discreto. E foram os recursos da *ratline* de Anima que o ajudaram a seguir para a Síria, Equador e, finalmente, para o Chile.

Gustav Wagner e Franz Stangl tiveram carreiras semelhantes depois de 1939. Ambos eram oficiais ambiciosos da SS que aprenderam suas habilidades em assassinatos em massa trabalhando no programa de eutanásia Aktion T4. Ambos se formaram para postos no campo de concentração de Sobibor, uma vila no coração da Polônia pré-guerra, e ambos ocuparam cargos de responsabilidade lá. Stangl foi o primeiro comandante em Sobibor do final de abril a agosto de 1942. Ele era um administrador eficiente, que tinha uma visão fria e desinteressada de seu trabalho. Nos quatro curtos meses de Stangl no comando do campo, aproximadamente 100.000 unidades de "carga", como ele preferia chamar os prisioneiros, foram assassinados. Sua experiência e dedicação foram apreciadas por Himmler, e ele foi logo transferido para resolver alguns problemas irritantes de eficiência em Treblinka. Stangl era conhecido como a "Morte Branca" por causa de seu uniforme branco cintilante, mas ele se manteve afastado do funcionamento diário do campo e especialmente distante de seus prisioneiros judeus. Matar as cotas diárias exigidas era um elemento necessário de seus deveres profissionais, mas ele não parece ter se entregado a nenhum ato individual de brutalidade. Seu representante Gustav Wagner estava muito mais envolvido no extermínio. Conhecido como a "Besta de Sobibor", Wagner foi o principal oficial de seleção que escaneava os recém-chegados e selava seu destino em segundos. Após a guerra, testemunhas afirmaram que Wagner atirou e matou inúmeros indivíduos aparentemente por capricho, quando simplesmente descontente com algum aspecto da aparência ou comportamento de sua vítima. As testemunhas também notaram o imenso prazer que ele tinha por esses atos de terror aleatórios. Ele chegou a ser ouvido expressando desapontamento e frustração com a contagem geral dos mortos do Sobibor sempre que esta ficava atrás dos resultados de extermínio muito mais impressionantes em Treblinka e Belzec. Após a guerra, tanto Wagner quanto Stangl foram ajudados por Hudal: Wagner permaneceu na Anima por mais de oito meses. Em 1950, ele estava vivendo no Brasil sob o nome de Günther Mendel. Depois de um período na Síria, Stangl também foi para o Brasil, onde acabou trabalhando para a Volkswagen. Nenhum dos homens jamais expressou qualquer arrependimento por suas ações em tempos de guerra.

Outros notáveis "ratos de Hudal" incluíram Erich Priebke, um dos oficiais da SS responsáveis pelo assassinato repressivo de 335 cidadãos italianos nas Cavernas de Ardeatine, nos arredores de Roma.

Franz Stangl foi um policial austríaco que se juntou à SS e trabalhou no programa nazista de eutanásia T4, depois em campos de concentração. Ele descrevia as vítimas judaicas dos nazistas como "carga".

Depois de ter ficado três anos nos mosteiros de Sterzing ou Vipiteno, no Tirol do Sul, chegou de Roma um pacote para Priebke contendo papéis com sua nova identidade como Otto Pope, e um bilhete para a Argentina. O advogado nazista da SS, Eduard Roschmann, estava encarregado de controlar o gueto judeu em Riga. Embora Roschmann pareça não ter cometido assassinatos, ele foi o responsável final pelos muitos assassinatos individuais de judeus na cidade durante seu período de mandato. Ele passou grande parte dos três primeiros anos após a guerra sob custódia dos Aliados, mas acabou escapando e se dirigindo a Gênova, depois à Argentina, graças a um passaporte internacional da Cruz Vermelha obtido pelo Bispo Marrom. O herói da Luftwaffe, Hans-Ulrich Rudel, não era procurado por crimes de guerra específicos, mas ele era um símbolo vivo do Terceiro Reich, pois era considerado o combatente alemão mais condecorado da Segunda Guerra Mundial. Suas façanhas na Frente Leste foram infinitamente transmitidas ao público alemão em cinejornais e algumas de suas muitas honras foram apresentadas pelo próprio Führer. Rudel perdeu a perna direita como resultado da ação inimiga em fevereiro de 1945, mas continuou a voar e lutar até o final da guerra. Ele até conseguiu chegar a Berlim para se encontrar com Hitler no *Führerbunker*, 11 dias antes do suicídio do Führer. Rudel conseguiu ir para o Oeste e se entregar aos americanos e, portanto, escapar da justiça russa. Em 1948, ele escapuliu pelo Tirol do Sul e aproveitou a hospitalidade de Hudal no centro de Roma enquanto esperava por um novo passaporte da Cruz Vermelha e um voo para Buenos Aires.

Nem todos os refugiados conseguiram completar a jornada da Alemanha derrotada para a liberdade em outro lugar, apesar da ajuda da Anima. Otto Wächter tinha se escondido com sucesso nas montanhas do Tirol Ocidental durante os primeiros quatro anos do pós-guerra, sustentado por remessas secretas de alimentos organizadas por sua família. Ele finalmente partiu para Roma em 1949. Como governador de Cracóvia e, depois, da província da Galiza durante a guerra, Wächter tinha muito sangue em suas mãos, muito dele, judeu. No entanto, Hudal o recebeu e encontrou alojamentos secretos para ele em uma pequena fundação religiosa na periferia de Roma, enquanto seus documentos e planos de viagens eram organizados. Em 3 de julho, Wächter havia sido transferido para a Anima, onde ficou conhecido por desfrutar de um banho diário no Tibre, nas proximidades. Onze dias depois, ele estava morto por insuficiência renal e febre alta. Presumiu-se que ele havia sido vítima da notória poluição do rio e, naturalmente, foi dito que ele nunca havia sido um homem de bem. Outros ouviram rumores de que a língua do homem morto estava azul, um sinal claro de que ele havia sido envenenado. Sua morte foi um acidente, ele havia tirado sua própria vida para escapar da justiça, ou havia sido despachado por seus inimigos? Seja qual for a causa de sua morte, o bispo Hudal cumpriu seu dever sacerdotal por este servo do Nacional-Socialismo, permanecendo à sua cabeceira durante seus últimos dias e administrando os últimos ritos.

Em suas próprias palavras, Hudal passou os três anos seguintes "confortando as vítimas em suas prisões e ajudando-as a escapar de seus tormentos". Ele não sentiu remorso em ajudar os criminosos de guerra, e continuou a defender suas ações em discursos e em seus escritos até sua morte, em 1962. Ele renunciou a seu posto de pároco na Anima em 1952, saindo antes de ser expulso pelo Vaticano, que ficou cada vez mais embaraçado pela revelação de suas atividades. Em suas amargas memórias, ele disparou contra o Papa Pio XII e seus funcionários no Vaticano que não conseguiram ajudar "homens que haviam sacrificado tudo para salvar a Europa do bolchevismo". De fato, estudos recentes descobriram que, de maneira misteriosa, a Igreja Católica direcionou alguns fundos designados para a ajuda humanitária para a operação de catolicismo de Hudal, mesmo que não nas quantidades que o bispo esperava. Outros documentos sugerem que há muito tempo Pio XII estava bem ciente do que estava acontecendo na Anima e "se permitia ignorar".

O REFÚGIO DE SAN GIROLAMO

Desde seu início, a igreja romana de San Girolamo (São Jerônimo) foi um lugar de refúgio. Quando os turcos otomanos capturaram a grande cidade de Constantinopla, em 1453, milhares de cristãos assustados fugiram dos Bálcãs e seguiram para o Oeste. Muitos se dirigiram a Roma. Naquele mesmo ano, o Papa Nicolau V presenteou um trecho de terreno negligenciado e alguns edifícios da Igreja dilapidados a uma pequena irmandade de sacerdotes balcânicos que tentavam arranjar abrigo para o grande número de seus compatriotas que invadiam a cidade. Com o tempo, esta comunidade, em grande parte croata, construiu uma nova igreja para seu santo nacional, Jerônimo da Dalmácia, em um local que fica a uma curta caminhada ao norte da Ponte Sant'Angelo, próximo aos degraus de Ripetta, onde os pescadores do Tibre desembarcavam tradicionalmente suas capturas. Seguiram-se um mosteiro, um hospital e um seminário para noviços católicos croatas. Em 1945 e 1946, um grupo de jovens apaixonados podia ser visto mantendo vigílias de 24 horas às portas deste complexo de edifícios religiosos de paredes altas. Entretanto, suas roupas casuais, óculos escuros, linguagem grosseira e gosto por cigarros sugeriam que eles não eram candidatos ao sacerdócio. O transeunte interessado também podia ver que os jovens estavam nervosos e, frequentemente, tiravam armas de dentro de seus casacos para verificá-las e limpá-las, ou talvez simplesmente para reforçar sua confiança. Os visitantes do complexo eram rigorosamente questionados e vigorosamente revistados. Todos os documentos eram verificados e, depois, examinados novamente. As inteligências britânica e americana souberam que estes guardas eram apenas a primeira linha de segurança no complexo croata. Todas as portas principais dentro do mosteiro e da faculdade eram mantidas trancadas e guardadas por homens ainda mais fortemente armados. Estes incluíam tropas uniformizadas que trocavam a saudação distinta do movimento fascista croata, o Ustaše.

Os comentários nas ruas de Roma eram que a San Girolamo tinha sido transformada em uma fortaleza a fim de proteger as vastas fortunas ali carregadas após o colapso do estado fantoche nazista da Croácia. Dentro de seus muros de tijolos, diziam que havia milhões de dólares em ouro e outros tipos de saques sequestrados, extorquidos e roubados pelos nazistas e seus aliados da Ustaše, não apenas da Iugoslávia, mas de todo o sudeste da Europa do sudeste. Segundo outros rumores, mais de 20 milhões de francos suíços extorquidos de judeus croatas já haviam sido transferidos de um banco da cidade para um clérigo croata sênior. Relatórios de inteligência Aliados especularam que quando Ante Pavelić, o *Poglavnik* ou Grande Líder da Croácia, tentou fugir da justiça, em maio de 1945, ele tentou carregar 80 milhões de dólares em moedas de ouro com ele. O criminoso governo Ustaše, certamente acumulou enormes fortunas durante seus quatro anos de poder absoluto, particularmente de suas vítimas judaicas. Muito desse dinheiro foi desviado e, eventualmente lavado, mas mesmo na era pré-digital havia métodos mais convenientes de mover dinheiro do que transportar o montante pesado e volumoso da Croácia para Roma. Os guardas aos portões da San Girolamo estavam realmente lá para proteger os sete ou mais ministros do governo croata escondidos atrás de suas paredes. Eles eram homens desesperados que buscavam ansiosamente afastar-se para destinos mais seguros, longe dos procuradores Aliados e de companheiros iugoslavos que buscavam vingança pela tentativa de aniquilação de suas comunidades durante os quatro anos de terror da Ustaše.

O CHEFE DOS RATOS DOS BÁLCÃS

O mestre encarregado de ajudar esses fugitivos croatas era um compatriota e um simpatizante político. Apesar de seu traje clerical, ele também era, quase certamente, um criminoso de guerra. Monsenhor Krunoslav Draganović era um homem alto e ocupado, que mal diminuía os passos enquanto passava livremente pelos guardas que protegiam o complexo croata. Como Hudal, ele era um ardente anticomunista, mas desempenhava um papel muito mais ativo na guerra do que seu homólogo austríaco. Crente convicto da superioridade "germânica" dos croatas sobre seus vizinhos eslavos, ele era membro do movimento Ustaše. Ele serviu ao Estado fantoche como membro de seu Conselho de Colonização. Sua principal função era promover a uniformidade cultural, forçando os sérvios ortodoxos a se converterem ao catolicismo e a lidar com aqueles que se recusavam. O Conselho não foi reticente no cumprimento de sua missão. Mais tarde, testemunhas afirmaram que Draganović tinha estado presente em uma série de atrocidades realizadas para esmagar a resistência em cidades e vilarejos sérvios. Durante algum tempo, ele foi capelão no campo de concentração de Jasenovac, onde quase 100.000 homens, mulheres e crianças foram massacrados. Dada a natureza pública de muitas dessas mortes, ele deve ter tido plena consciência dos horrores ali cometidos. Assim como Hudal, após a guerra, ele recebeu permissão para visitar prisioneiros balcânicos mantidos sob custódia dos Aliados na Itália; notou-se que ele só ajudava croatas e ignorava os detentos sérvios e bósnios. Ele também tinha contatos simpáticos dentro do Vaticano - pessoas que rapidamente ajudaram compatriotas que haviam se arrependido de seus crimes em tempos de guerra e agora precisavam de ajuda cristã. O mais importante deles era o padre franciscano Dominik Mandić, que era um administrador do considerável patrimônio financeiro de sua Ordem. Depois de 1945, Mandić tornou-se a principal fonte de apoio de Draganović, fornecendo dinheiro e carteiras de identidade novas. Graças a suas conexões com o Banco do Vaticano, Mandić também se tornou um legalizador de veteranos da Ustaše que precisavam de um novo lar, em algum outro lugar. O fato de a igreja de San Girolamo ter seu "próprio" poderoso prelado no Vaticano ajudou nessa situação. Em 1935, o arcebispo de Buenos Aires, Santiago Luis Copello, havia se tornado o primeiro sul-americano a ser elevado ao escarlate (nomeado cardeal), e San Girolamo tornou-se sua igreja titular ou pessoal na Cidade Eterna. O Cardeal Copello era profundamente conservador e um ávido apoiador do governo nacionalista do general Perón - um homem útil para aqueles que estavam buscando uma rota de fuga para a Argentina. Sem surpresas, tanto Copello como Draganović se encontraram com Eva Perón em Roma durante seu Tour Arco-Íris pela Europa, em 1947.

UM MINI MUSSOLINI

Na primavera de 1946, o Padre Pedro Gonner, um homem de poucas palavras e uma mistura fraturada de espanhol e italiano, chegou a Roma. Dois anos depois, ele apareceu em Buenos Aires, mas o nome em seus papéis havia mudado para Señor Pablo Aranjos. Sua viagem à América do Sul havia começado na pitoresca vila de St. Gilgen (São Giles), no Salzkammergut austríaco. Lá ele era conhecido pelas forças ocupantes americanas por seu nome real de Ante Pavelić, mas eles e os agentes britânicos no distrito não conseguiram conectar este cansado refugiado com o *Poglavnik*, o antigo Grande Líder da então desmoronada Croácia fascista. Fundador do terrorista ultranacionalista Ustaše, em 1929 e grande admirador de Mussolini, Pavelić já havia passado algum tempo na Itália. No início, o próprio grande ditador se interessou pouco por seu imitador balcânico. Para apaziguar os franceses, Mussolini até o deteve em uma prisão italiana de 1934 a

1936, enquanto sua participação no assassinato do rei Alexandre da Iugoslávia, em Marselha era investigada. Pavelić passou então grande parte dos anos de 1937 a 1941 sob prisão domiciliar relativamente frouxa em Siena e Florença, "detido" pelas autoridades italianas caso ele pudesse vir a ser útil na confusão emaranhada que era o tempo de guerra nos Balcãs. Pavelić foi pouco mais que uma ferramenta útil no jogo maior da diplomacia europeia nos anos 30. Seu grande momento chegou em abril de 1941, quando as potências do Eixo invadiram e dissecaram a Iugoslávia. Com alguma relutância, Hitler e Mussolini consentiram com a criação de um governo Ustaše croata. Suas reservas em relação a Pavelić e seu movimento eram bem fundadas. O regime lutou para preservar seu novo estado e perdeu terreno para os partidários sempre mais fortes: como observou um comandante alemão, no final de 1942, Pavelić era pouco mais que prefeito de "Zagreb menos seus subúrbios". No ano seguinte, a impaciência de Hitler com seus incompetentes aliados fantoches acabou; as tropas croatas foram fundidas nas forças armadas alemãs e tiveram que jurar lealdade diretamente ao Führer. A administração Pavelić teve apenas um sucesso político: o genocídio. Embora sem força para lidar com seus inimigos militares, conseguiu liquidar muitos de seus inimigos internos. Comunidades odiadas, como os sérvios ortodoxos, rapidamente perderam seus direitos civis e foram então perseguidas por esquadrões de terror ou enviadas para campos de concentração; as comunidades judaicas e ciganas na Croácia desapareceram quase totalmente. O número total daqueles massacrados pelo regime Pavelić em seu curto período de poder foi estimado em mais de 300.000.

Quando a guerra na Europa chegou ao fim, na primeira semana de maio de 1945, um êxodo patético de tropas e civis desmoralizados do Ustaše fugiu para a Áustria na esperança de superar as forças soviéticas e partidárias que se aproximavam. A maioria desses fugitivos foram detidos na fronteira pelo Exército Britânico e retornaram à Iugoslávia de acordo com os protocolos elaborados pelos líderes Aliados na Conferência de Yalta. Eles foram marchando de volta para o Sul até a morte certa. Pavelić já havia feito seus próprios planos de fuga, no entanto, abandonou seus seguidores condenados. Ele teve pouca dificuldade para se encontrar com sua família, que havia escapado dos Bálcãs e entrado na Áustria seis meses antes. No devido tempo, o Padre Draganović estava envolvido na organização de sua viagem e alojamento para sua partida para Roma. Uma vez lá, o chefe dos Ustaše parece ter passado relativamente pouco tempo em San Girolamo; em 1946, estava sob vigilância constante das agências oficiais de inteligência que operavam na cidade, bem como de vários agentes balcânicos em busca de uma chance de atacar o rato mais significativo de Roma, um antigo chefe de estado do Eixo. Havia fortes rumores de que Pavelić estava escondido no requintado palácio do Castelo Gandolfo, a residência papal de verão com vista para o Lago Albano, nas colinas, a cerca de 19 km ao sul da cidade. Isto parecia provável: o palácio era seguro, excepcionalmente privado e desfrutava de status extraterritorial, tornando-o diplomaticamente inexpugnável. Na verdade, Draganović escolheu esconder seu antigo chefe em algum lugar muito menos óbvio, em um apartamento sombrio, em uma rua escura em Trastevere, naquela época, um distrito decrépito e privado ainda a florescer dos anos de *la dolce vita* e do turismo internacional. Pavelić passou mais de dois anos lá, transformando sua aparência de fascista corpulento e combativo, de botas de cano alto de seus dias de Zagreb, na aparência de um sujeito muito mais quieto, um escriturário ou acadêmico talvez, com óculos redondos pretos grossos, um bigode excessivo e barba de cavanhaque. Esse disfarce o ajudou a chegar a Buenos Aires, em 1948, e o serviu bem durante os nove anos seguintes, até ser reconhecido por um antifascista sérvio. Pavelić foi mortalmente ferido em um ataque de rua, em abril de 1957. A justiça foi finalmente entregue por duas balas que se enfiaram em suas costas enquanto ele fugia de seu vingador.

UM ESPIÃO PERENE

No final da década de 1940, Draganović já havia encerrado grande parte de seu envolvimento direto em atividades da *ratline*. A maior parte dos Ustaše seniores que precisavam escapar da Europa o tinha feito. O tempo, os eventos e o clima político seguiram adiante, mas Draganović ainda estava envolvido na mesma luta contra o comunismo que havia arrastado-o para a política croata. Em 1947, no entanto, ele estava coletando informações sobre o regime comunista iugoslavo do Marechal Tito, enviando-as não para seu *Poglavnik*, em Zagreb, mas para a CIA. Sua única virtude para os americanos era sua associação com a *ratline* romana que lhes oferecia uma solução para os problemas de realocação de pessoas que eles queriam "resgatar" da Alemanha nazista. Ratos especiais ocasionalmente precisavam de ajuda, como Klaus Barbie, o "Carniceiro de Lyon", que tinha sido recrutado pela CIA, em 1947 e que depois recebeu documentos e apoio no seu caminho para a Bolívia, em 1951, todos expedidos por Draganović. Em 1962, Draganović foi considerado sem valor para a inteligência norte-americana e recebeu um "aviso de incêndio" que o demitiu de seu cargo. Ele retornou à sua Bósnia natal em 1967 e evitou a acusação por seus supostos crimes de guerra na Iugoslávia, presumivelmente em troca de seu "apoio" ao regime comunista de Tito. Ele morreu em Sarajevo, em junho de 1983, aos 79 anos de idade.

CAPÍTULO 8

OUTRAS FUGAS

No rescaldo imediato da guerra, Alois Brunner se considerava um homem de muita sorte. Como oficial sênior da SS, ele estava profundamente implicado no Holocausto. Ele imaginou, com razão, que os Aliados vitoriosos estivessem procurando por ele e estava bem ciente de que poderia esperar pouca misericórdia deles. No entanto, Brunner evitou a forca graças a dois episódios de boa sorte. Primeiro, ele não tinha uma pequena tatuagem indicando o seu grupo sanguíneo na parte inferior de seu braço esquerdo, uma prática comum entre os soldados da SS. Esta era uma marca de orgulho entre os membros da irmandade guerreira de elite, mas seu objetivo prático era permitir a rápida transfusão de sangue de um soldado para um camarada ferido no calor da batalha. Embora um oficial superior, os deveres de Brunner eram quase inteiramente administrativos e realizados longe da Frente. Como resultado, ele nunca havia adquirido a tatuagem que era uma prova condenável de ser membro da SS. Isso o ajudou a permanecer de cabeça baixa quando esteve detido em um campo prisional dos Aliados, nos primeiros meses após a guerra, quando a caça aos criminosos de guerra nazistas estava em seu ponto mais intenso. Os soviéticos estavam procurando por um nazista austríaco de nome A. Brunner, que eles sabiam que estava envolvido na deportação em massa de judeus condenados e outros "indesejáveis". Eles o encontraram, o julgaram no Tribunal Popular em Praga e o executaram em 24 de maio de 1946. Tendo lidado com o criminoso de guerra *Anton* Brunner, os investigadores passaram para o próximo nome em sua lista.

Muitos meses se passaram até que os Aliados perceberam que dois Brunners haviam trabalhado no Escritório Central da Emigração Judaica dos nazistas. Colegas de lá conheciam Alois e Anton como Brunner I e Brunner II. Ambos os homens eram oficiais austríacos, fervorosamente antissemitas e altamente considerados por seu chefe Adolf Eichmann. Ambos viajavam pela Europa ocupada organizando a coleta forçada de comunidades indesejadas e seu envio para o local designado para o extermínio. Ambos eram oficiais dedicados e altamente eficazes em exortar seus colegas a acelerar as coisas sempre que parecia haver uma pausa na entrega das vítimas aos campos. Ambos demonstraram um talento para aterrorizar prisioneiros judeus por atos aleatórios de sadismo público, a fim de garantir sua cooperação atemorizada. A particular dedicação de Alois à causa foi recompensada em 1943, quando ele foi nomeado comandante do campo de coleta de judeus franceses em Drancy, no norte de Paris. Ele também se destacou na caça aos judeus belgas e holandeses, assim como aos intelectuais liberais e de esquerda alemães que haviam se refugiado em Vichy. Após a guerra, os investigadores calcularam que os dois Brunners foram corresponsáveis pelo envio de mais de 220.000 almas para a máquina de morte nazista.

BAIXA NO LEVANTE

A prisão e a execução de Anton Brunner deram tempo ao sortudo Alois, que logo encontrou trabalho como motorista para o exército

O ex-assistente de Adolf Eichmann, Alois Brunner, enviou mais de 100.000 judeus para os campos de concentração. Após a guerra, ele escapou para o Egito, depois Damasco, na Síria, onde viveu até sua morte.

americano em Munique, o que, por sua vez, o ajudou a começar a construir uma nova identidade e a adquirir novos papéis. Em 1947, porém, ficou claro que os caçadores de nazistas tinham percebido o erro e agora estavam procurando ativamente o Brunner fugitivo, que parecia ter desaparecido. Até então, Alois havia se tornado Herr Schmaldienst e estava trabalhando como escrivão em uma mina de carvão perto de Essen, no Ruhr. Em 1954, seu nome mudou novamente para Dr. Georg Fischer, graças a um camarada da SS que passou seus próprios documentos de identidade antigos e agora indesejados. Naquele verão, Fischer juntou-se à lenta caravana de antigos nazistas que se dirigia para o Sul, na esperança de um novo passaporte da Cruz Vermelha Internacional.

O destino escolhido não foi, entretanto, a América do Sul, mas o Oriente Médio. Após um breve período no Cairo, vendendo munições, o Dr. Fischer acabou reaparecendo em Damasco, trabalhando no pouco promissor posto de representante de vendas de uma cervejaria alemã em um país muçulmano. Felizmente, ele conseguiu ganhar uma segunda renda aconselhando os serviços secretos sírios.

A Síria foi uma boa escolha de fuga para Fischer. Durante os anos entre guerras, a Síria havia sido controlada pelos franceses, que haviam usado seu poder militar para esmagar a oposição popular local. Nos anos 30, os nacionalistas árabes em todo o Oriente Médio consideravam a Alemanha nazista um aliado potencial contra seus dois principais inimigos colonialistas, a França e a Grã-Bretanha, que controlavam a Palestina e o Egito. Hitler via os árabes como um povo racialmente inferior, mas ele estava feliz em oferecer apoio temporário a qualquer um que pudesse ser útil para enfraquecer as duas potências imperiais ocidentais. Nos anos anteriores à guerra, os líderes árabes, frequentemente, eram fotografados em Berlim e em Berchtesgaden ao lado de Hitler, Himmler e outros poderosos nazistas.

Parte desse calor diplomático permaneceu após a guerra, o suficiente pelo menos para ajudar mais de uma centena de nazistas a obterem permissão de entrada no recém independente estado sírio após 1946. Melhor ainda, o novo governo de Damasco recusou a entrada de investigadores de crimes de guerra franceses: o caçador de nazistas nascido na Romênia, Serge Klarsfeld, cujo pai havia sido enviado a Auschwitz por Alois Brunner, foi impedido de entrar na Síria por ter sido educado na França e por ter se tornado cidadão francês.

HOMENS ÚTEIS

Os acontecimentos na história emaranhada da região fortaleceram ainda mais a posição dos ex-nazistas no Oriente Médio. Entre 1947 e 1949, os Estados árabes em torno da Palestina não conseguiram deter o estabelecimento de uma Israel independente, e sofreram uma série de derrotas militares humilhantes no processo. Os governos de Damasco e Cairo reconheceram a necessidade de fortalecer e modernizar sua capacidade militar e de inteligência. Não faltaram alemães talentosos dispostos a agir como conselheiros mercenários, oficiais experientes que haviam lutado em uma guerra tecnológica moderna, e homens úteis como administradores logísticos e engenheiros que sabiam como organizar uma batalha. Típico destes foi Walter Rauff, inventor da van móvel a gás, que serviu como conselheiro da inteligência síria no final de 1948. Rauff trabalhou tão de perto com o presidente sírio que teve que partir com pressa quando o regime caiu repentinamente no tumulto que se seguiu à derrota catastrófica para Israel na primavera seguinte. O general Wilhelm Fahrmbacher manteve o alto comando na Wehrmacht desde a anexação dos Sudetos, em 1938, até a rendição de seu último posto, a cidade de guarnição e a base submarina de Lorient, na Bretanha, em 10 de agosto de 1945. Após sua libertação da custódia Aliada, em 1950, ele rapidamente encontrou um novo cargo como conselheiro do pessoal central do exército egípcio, o qual manteve durante toda a década de 1950. Fahrmbacher foi fundamental no programa de criação de uma força de mísseis árabe capaz de atingir todos os alvos militares em Israel. Trabalhando com ele nesse projeto estava Wilhelm Voss, um gerente industrial altamente qualificado que tinha assento nos quadros de quase uma dúzia de empresas de armamento no Terceiro Reich. Ele também administrou com sucesso a famosa Škoda Works na Tchecoslováquia ocupada.

Na década seguinte, o designer de aviões de Hitler, Willy Messerschmitt, trabalhou em outro projeto de armamento egípcio destinado a balançar o equilíbrio militar no Oriente Médio. Messerschmitt havia sido preso no final dos anos 40 por utilizar mão-de-obra escrava em suas fábricas durante a guerra. Ao ser libertado, em 1950, ele descobriu que era proibido para as empresas alemãs fabricar aviões, então, ele começou a reconstruir sua empresa, fabricando pequenos carros e eletrodomésticos. Nos anos 60, ele voltou à indústria aeronáutica, projetando um avião de combate supersônico que interessava muito ao presidente egípcio Nasser. O interceptor *Helwan 300* fez seu voo inaugural, com sucesso, para a Força Aérea Egípcia em 1964. Os trabalhos de ajustes continuaram por mais cinco anos até que os egípcios admitiram não poder mais arcar com os custos de desenvolvimento e decidiram comprar aviões mais baratos da União Soviética em seu lugar. Os conhecimentos técnicos alemães eram excelentes, mas não eram baratos.

ASSENTAMENTO NA SÍRIA

Alois Brunner-Fischer permaneceu sabiamente no Oriente Médio, tornando-se útil às autoridades sírias e confiando na relutância deles em entregá-lo aos odiados franceses. Sua boa sorte em Damasco continuou quando ele sobreviveu a duas tentativas de assassinato por bomba postal, em 1961 e 1980, provavelmente presentes de agentes israelenses. Estes pacotes explosivos lhe custaram um olho e vários dedos, um pequeno preço a pagar por viver em relativa segurança naquela que ainda era uma cidade muito agradável. Os jornalistas estrangeiros o avistaram relaxando em vários hotéis e recepções particulares, e notaram que ele parecia gozar de proteção pessoal da polícia síria. Brunner foi julgado *in absentia* na França em duas ocasiões e considerado culpado de crimes de guerra, mas as tentativas de extradição continuaram a afundar. Vários governos sírios afirmaram que ele não estava vivendo em seu país. No final dos anos 80, entretanto, a atmosfera geopolítica no Oriente Médio havia mudado mais uma vez. Parecia que a Síria estava prestes a ceder aos anos de pressão da Alemanha e estava finalmente se preparando para entregar Brunner para enfrentar o julgamento em Berlim. Desta vez, ele foi salvo pela história: a Cortina de Ferro começou a rachar e a Alemanha Oriental deixou de existir. Depois de 1990, os departamentos governamentais na Alemanha subitamente reunificada foram inundados com novos problemas e prioridades. A poeira sobre os arquivos de Brunner começou a assentar novamente. Como muitos nazistas em fuga, havia os rumores inevitáveis de que ele havia se mudado para a América do Sul, mas isto era improvável. Até então, ele era um homem idoso e doente, com meios cada vez mais limitados. Os únicos avistamentos posteriores confiáveis sugerem que, à medida que envelheceu, ele se tornou muito mais pobre e que levava uma vida miserável e solitária em Damasco, em acomodações cada vez mais baratas, ainda proferindo suas observações antissemitas e justificando seu papel no Holocausto até o fim. Caçadores de nazistas e oficiais alemães concordam que ele, provavelmente, morreu nos primeiros anos do novo século, tendo conseguido escapar da justiça até o final.

A PASTA DO TIO TAREK

Era uma velha pasta marrom, do tipo que os professores universitários aposentados tinham por hábito. As fivelas estavam enferrujadas, o couro rachado, manchado e gasto nas bordas; era a última posse útil de um homem velho cujo corpo já havia sido descartado em um cemitério onde apenas os cidadãos mais pobres do Cairo acabavam. Pendurada na alça da pasta, uma pequena aba de couro retangular continha um cartão desbotado com o nome do proprietário. Dentro da pasta havia um arquivo arrumado, a maioria em papel amarelado, compreendendo cartas, algumas contas canceladas, contas desbotadas, notas e registros médicos, envelopes não abertos e lacrados com carimbos europeus e sul-americanos, e um documento verde escuro pouco convincente confirmando o direito do proprietário de residir no Egito. Todos foram dispostos sobre a mesa de madeira escura de um advogado. Era tudo o que restava da vida do proprietário, a vida de Tarek Farid Hussein.

Tarek, um homem idoso, alto e cansado, era bem conhecido e apreciado em seu mundo, que consistia nas quatro ou cinco ruas circundando o pequeno hotel barato onde ele morava, no Cairo. Neste pequeno universo, ele fazia suas compras, bebia seu café Ahwa preto em uma mesa na rua e olhava cuidadosamente para cima e para baixo para rostos desconhecidos e inquisitivos. Ele parecia um homem gentil que, como os pedintes da rua locais sabiam, às vezes, deixava um pequeno bombom para trás no pires, para a primeira mão que chegasse à sua mesa vazia. Ele trazia, frequentemente, pequenos pedaços de bolo de basbousa doce para a família Doma, que eram os simpáticos proprietários do hotel e cujos filhos chamavam-o de tio Tarek. E ele era certamente um homem de moral: ele rezava todas as sextas-feiras no Mais Resplandecente, a gloriosamente minada Mesquita Al-Azhar do século X, ligada para sempre à filha do Profeta, Fátima. Acima de tudo, ele era um homem que vivia uma vida tranquila e privada, tendo o cuidado de fazer amizade e nunca ofender seus vizinhos. Claramente, ele não nasceu egípcio; seu bronzeado de verão desaparecia rápido demais nos meses de inverno, seu árabe estava quebrado e limitado. Mas ele era um homem decente, apreciado e respeitado por todos que o conheciam. Após sua morte, porém, o conteúdo de sua pasta revelou que Tarek tinha outro nome em uma vida anterior, um nome que ele havia tentado enterrar com afinco no passado: Aribert Ferdinand Heim. Um homem conhecido como Dr. Morte em três campos de extermínio: Mauthausen, Sachsenhausen e Buchenwald.

PESOS DE PAPEL E VENENO

Em 1940, o Dr. Heim, um graduado das universidades de Graz e Viena, servia como Capitão Heim, da Waffen-SS, ligado primeiro a Mauthausen e, depois, a seu posto de transbordo em Ebensee, próximo ao Führerstadt de Linz. Testemunhas que haviam estado no escritório de Heim, em Mauthausen, se lembraram do grande peso de papel em sua mesa. Um jovem detento masculino teve a infelicidade de possuir um conjunto de dentes perfeitos dentro de um crânio incomum, o que excitou o interesse de Heim pelas peculiaridades anatômicas raciais. Após ser abatido e submetido a uma autópsia desnecessária, que se assemelhava à carnificina, o cadáver do jovem foi decapitado. Sua cabeça fervida e polida serviu como uma curiosa peça de relíquia para os colegas e visitantes de Heim. Como vários "médicos" nazistas, Heim estava interessado nos extremos da resistência humana, e no complexo Mauthausen ele teve a oportunidade e a autoridade incontestáveis de realizar uma série de procedimentos cirúrgicos desumanos. Os presos eram submetidos a "experimentos" internos sem anestesia. Os órgãos eram removidos a fim de observar como o corpo da vítima lidava com isso, e para medir a velocidade com que a morte ocorria. Substâncias químicas aleatórias como veneno, alvejantes e petróleo eram injetadas na corrente sanguínea ou diretamente em órgãos críticos. Após um breve período de detenção e interrogatório superficial pelo exército americano em 1945, Heim construiu uma reputação de ginecologista bem-conceituado na cidade termal da Floresta Negra de Baden-Baden. Ele evitou a justiça em 1962, desaparecendo bem a tempo depois que uma denúncia telefônica o alertou de que o cerco estava se fechando.

ESCONDIDO

Heim tornou-se um dos criminosos de guerra mais procurados nas décadas seguintes, graças, em parte, a seu apelido na imprensa, o "Carniceiro de Mauthausen". Durante os 30 anos seguintes, caçadores de nazistas e a imprensa ocidental o procuraram em todos os lugares habituais da Espanha e da América do Sul. Periodicamente, havia afirmações menos confiáveis de que ele vivia na Escandinávia ou na Califórnia. Havia indícios de que ele tinha escapado da Espanha para o Marrocos com a ajuda do comando superior de Hitler, Otto Skorzeny. Então, foi dito que ele tinha ido para o Egito, via Tunis, mas isto foi descartado como uma fraude deliberada. Na verdade, como outros fugitivos nazistas, Heim tinha percebido as vantagens de se esconder no Egito, e a Síria no final dos anos 40 e 50 era um destino relativamente acolhedor para os alemães de certa experiência e formação. O monarca, Rei Farouk, ressentiu-se da influência britânica em seu país e na região vizinha. Embora o Egito tivesse sido nominalmente independente desde 1922, os britânicos continuaram a manter ali uma força militar significativa para assegurar seu controle do Canal de Suez e o elo vital com a Índia britânica. Depois de 1945, Farouk estava interessado em promover as relações germano-egípcias como uma forma de sinalizar sua independência de Londres. Especialistas alemães estavam empenhados em ajudar a treinar a força aérea egípcia. Outros foram recrutados por sua experiência como propagandistas antijudaicos, o que poderia torná-los úteis na luta contra Israel. Sob o comando de Farouk e, depois, do líder nacionalista General Nasser, vários ex-nazistas lideraram organizações de informação conjuntas, como os Amigos do Cairo e a Liga Árabe-Alemã de Amizade.

Enquanto os olhos ocidentais procuravam na América do Sul por criminosos de guerra desaparecidos, os serviços de inteligência russos e da Alemanha Oriental estavam muito mais conscientes da presença de homens procurados como Heim em lugares como o Egito, mas eles também sabiam que qualquer pedido de extradição seria sempre educadamente recusado. Na década de 1960, o governo da Alemanha Ocidental investigou brevemente um rumor de que Heim estava trabalhando como médico para a polícia egípcia, mas fechou o processo por falta de provas. Heim passou a viver o resto de sua vida no Cairo sem ser detectado e com pouco medo de ser levado à justiça. Ao tomar um nome árabe, converter-se ao islamismo e, mais importante, manter-se afastado de todos os outros alemães da cidade, ele desapareceu do radar. Sua estratégia só veio à tona em 2009, quando seu filho admitiu que havia frequentemente levado dinheiro da irmã de Heim da Alemanha para o Cairo. Ele também tinha estado com seu pai quando ele morreu de câncer, em 1992. A pasta de Tarek, cuidada pela leal família Doma durante 18 anos, foi finalmente reaberta. Os documentos do caso confirmaram as reivindicações do filho. E continha uma carta não enviada para a revista alemã *Der Spiegel*, escrita à mão por Heim, protestando sua inocência e acusando o judeu Simon Wiesenthal de inventar todas as histórias sobre suas supostas atrocidades médicas. O conteúdo da pasta revelou que Tarek, o bom muçulmano, permaneceu um virulento antissemita e um orgulhoso admirador e defensor de Adolf Hitler até o final.

Benito Mussolini é resgatado do cativeiro por paraquedistas alemães em Campo Imperatore, Itália, em setembro de 1943. Otto Skorzeny (com bigode) está imediatamente à sua esquerda.

AJUDA DA SORTE

A oeste das terras secas do Oriente Médio, muitos nazistas encontraram pastagens mais verdejantes para passar os anos do pós-guerra. No coração do Condado de Kildare e perto do Curragh, o lar espiritual das corridas de cavalos irlandesas, havia uma atraente casa de campo do século XIX, adequada para qualquer cavalheiro. Decorada em um estilo gótico leve, foi encomendada nos anos 1830 pelo terceiro Duque de Leinster como uma casa de tiro, embora, é claro, tenha sido dito que ele realmente a usou como um local tranquilo para se encontrar com sua(s) amante(s). Em 1959, porém, a família Leinster havia perdido grande parte de sua riqueza. Naquele ano, a Casa

Martinstown e seu patrimônio restante de 165 acres foram adquiridos por um novo proprietário. Embora fosse um homem imponente e dinâmico, com mais de 1,80 m de altura e de estrutura poderosa, a longa cicatriz de esgrima que atravessava sua bochecha esquerda e seu Mercedes branco o diferenciavam dos outros latifundiários do condado. Ele não fazia nenhuma tentativa de disfarçar sua identidade e não sentia necessidade de fazer isso. Para Otto Skorzeny, ex-membro da guarda particular de elite de Hitler e uma vez descrito na imprensa britânica como "o homem mais perigoso da Europa", sentiu-se bastante à vontade com sua nova vida como um cavalheiro agricultor na República da Irlanda.

Skorzeny era um austríaco que aderiu ao movimento nazista em 1931, muito antes de seu país ter sido anexado por Hitler. Membro da SA e, depois, da SS, ele construiu uma reputação como um oficial altamente competente e inspirador na Frente Leste. Em abril de 1943, Skorzeny foi nomeado comandante de uma unidade de operações especiais da SS acusada de atividades antipartidárias e de conduzir sabotagem atrás das linhas inimigas. Cinco meses depois, ele chamou a atenção mundial graças à sua participação na Operação Oak, a missão alemã de localizar e libertar o ditador derrotado Mussolini, que havia sido preso pelo novo governo pró-Aliança da Itália. Skorzeny e 16 camaradas da SS fizeram parte de uma força planadora alemã que partiu de Roma em 12 de setembro e pousou nos altos prados de Campo Imperatore, nas montanhas de Abruzzo. Embora não fosse o oficial que comandava a missão, Skorzeny garantiu que seus homens fossem os primeiros a chegar ao remoto hotel de esqui onde *Il Duce* (O Líder) era mantido sob guarda. Skorzeny também se certificou de figurar de forma proeminente nas fotografias da SS registrando a ousada fuga, e de que ele acompanharia Mussolini no leve Fieseler Storch usado para transportá-lo das montanhas para a segurança. O Ministro da

Propaganda Goebbels aproveitou ao máximo este sucesso dramático, apresentando Skorzeny ao público alemão, cansado da guerra, como um herói modelo do Reich. Outras missões que Skorzeny operou - raptar o Marechal Tito em seu quartel general em Drvar, na parte bósnia da Iugoslávia; sabotar as linhas de abastecimento Aliadas no Irã e assassinar Stalin, Roosevelt e Churchill quando se encontraram em Teerã - foram muito menos frutíferas, mas Hitler manteve a confiança em seu "comando superior" durante o resto da guerra.

EXONERADO E DESNAZIFICADO

Como um comando engenhoso e impiedoso, as ações e ordens de Skorzeny quase inevitavelmente transgrediam a estrita carta do direito internacional sobre o desencadeamento da guerra. Como resultado, ele enfrentou um tribunal de crimes de guerra em Dachau, em 1947, chamado a prestar contas de sua conduta durante a Batalha do Bulge, nas Ardenas, no final de 1944. Ordenados para confundir e desestabilizar o inimigo, vários pequenos grupos de homens de Skorzeny que falavam a língua inglesa haviam se infiltrado nas linhas Aliadas vestindo uniformes americanos e britânicos e dirigindo veículos do exército americano. Os oficiais superiores da Wehrmacht sempre condenaram esta tática de guerrilha: tropas disfarçadas que caíssem em mãos inimigas desta forma perderiam qualquer esperança de proteção da Convenção de Genebra. No caso, 18 dos homens de Skorzeny capturados em uniformes dos Aliados foram fuzilados como espiões. Entretanto, após um julgamento por crimes de guerra que durou três semanas, seu comandante escapou do carrasco em um belo ponto legal; foi admitido que seus homens tinham usado uniformes Aliados apenas para enganar seu inimigo. Não havia provas concretas de que eles tinham sido ordenados a entrar em combate enquanto vestidos como Aliados.

Embora absolvido, Skorzeny permaneceu sob a custódia dos Aliados, pois era esperado que ele logo fosse processado por crimes cometidos durante suas viagens de serviço na Europa Oriental. Ironicamente, em 1948, ele foi "raptado" de um campo de internação americano perto de Darmstadt por três ex-companheiros da SS disfarçados de policiais militares americanos. Durante os anos seguintes, Skorzeny foi visto em Paris, Madri e Cairo. Pensava-se também que ele estivesse trabalhando para Juan e Eva Perón em Buenos Aires, supervisionando seus arranjos de segurança. No clima modificado da Guerra Fria, ele foi eventualmente reclassificado como "desnazificado" em 1952 e, portanto, capaz de solicitar um passaporte austríaco. Isto o ajudou não apenas a viajar à vontade pela Europa, mas também a comprar propriedades bastante caras em Maiorca e na Irlanda.

EM CASA NA IRLANDA

Skorzeny alegou que adquiriu a Casa Martinstown porque planejava comprar e treinar cavalos de corrida lá. A Coudelaria Nacional Irlandesa estava, afinal de contas, a apenas 8 km de sua nova propriedade. Provavelmente, a verdadeira razão de sua instalação na República da Irlanda tenha sido a calorosa recepção que ele recebeu em Dublin dois anos antes. Bem nos anos 50, as memórias da Guerra da Independência Irlandesa ainda eram cruas e o sentimento antibritânico ainda era forte. Oficialmente, a Irlanda permaneceu estritamente neutra entre 1939 e 1945, recusando-se a permitir o acesso naval britânico aos seus portos e referindo-se à guerra que envolveu a Europa naqueles anos por um termo particular, a Emergência. Éamon de Valera, *Taoiseach* ou premier, usou a guerra como uma oportunidade para reforçar a separação da nova Irlanda da Grã-Bretanha e enfatizar sua independência da política externa britânica. Muitos dos 60.000 homens e mulheres irlandeses que lutaram contra Hitler nas Forças Armadas Britânicas comentaram, mais tarde, sobre a fria recepção que receberam quando voltaram para casa após a guerra. Em contraste, Skorzeny recebeu um banquete em um jantar realizado em sua homenagem no resort de golfe de Portmarnock, em 1957, onde ele conheceu muitos dos homens das mudanças e agitadores da sociedade irlandesa. A maioria, embora nem todos, jornalistas e comentaristas irlandeses que registraram sua presença na República ficaram felizes em retratá-lo como um guerreiro glamoroso e ousado, mas fizeram pouca referência ao regime que ele havia servido. Skorzeny era uma figura familiar, ainda que bastante distante em Kildare, que se dedicava aos seus negócios sem medo ou impedimento, no entanto, em 1969, ele vendeu tudo e se mudou para Madri. Ele provavelmente deixou a Irlanda bem a tempo, pois as atitudes irlandesas em relação à guerra começaram a mudar nos anos 70 à medida que a compreensão pública sobre o Holocausto se aprofundava. O próprio envolvimento de Skorzeny na prisão e eliminação dos conspiradores de Stauffenberg, em 1944, também se tornou mais conhecido.

UMA CENTENA DE BOAS-VINDAS

Mais de uma centena de nazistas aproveitaram a possibilidade de construir uma nova vida na Irlanda nas primeiras décadas após a guerra. O mais proeminente deles foi Albert Folens, que fundou a editora educacional de grande sucesso que ainda leva seu nome, e que continuou a viver na República até sua morte, em 2003. Quando a Bélgica foi ocupada, em 1940, Folens tinha 23 anos de idade e era um apaixonado nacionalista flamengo. Ele acreditava que Hitler era solidário à ideia da independência flamenga de Bruxelas francófona. Um jovem altamente educado que era um leitor voraz, seu estudo da história russa desde 1917 também o tinha tornado profundamente anticomunista. Como resultado, ele entrou para a Legião Flamenga

Waffen-SS, acreditando que era seu dever combater o estalinismo e esperando que esta pequena força voluntária pudesse ser o núcleo de um futuro exército nacional flamengo. Sob diferentes nomes e formatos, a Legião lutou durante toda a guerra na Frente Leste até que seus remanescentes espancados se renderam ao Exército Vermelho, em Mecklenburg, em 8 de maio de 1945. Folens perdeu toda a ação, no entanto, devido a sérios problemas de saúde. Em vez disso, ele passou a maior parte dos anos de ocupação fazendo trabalhos de secretariado e tradução na sede da Gestapo em Bruxelas. Como consequência, ele foi listado na bíblia dos caçadores de nazistas, no Registro Central de Criminosos de Guerra e Suspeitos de Segurança (RCCGSS), e preso pelos britânicos. Não havia provas de que ele tivesse estado diretamente envolvido em qualquer ato de tortura ou assassinato mas, como muitos nacionalistas flamengos, ele foi considerado culpado do crime de colaboração. Após cumprir 31 meses de uma pena de 10 anos, ele escapou miraculosamente da prisão. Com a ajuda de um grupo de monges trapistas belgas e um passaporte falso, ele integrou um grupo de 25 refugiados nazistas flamengos contrabandeados da Bélgica para a Irlanda. Já fluente em vários idiomas, ele rapidamente dominou o irlandês e se integrou à vida cultural da República. Em 1957, ele fundou a editora de grande sucesso que, em um determinado momento, operou não apenas na Irlanda, mas também na Grã-Bretanha e em vários estados da Europa Central. Os críticos de alguns de seus livros escolares de história, no entanto, notaram uma tendência a escamotear muitos aspectos do período nazista.

LUTA CONTRA A FRANÇA

Como químico, fazer uma bomba era uma tarefa relativamente simples para Célestin Lainé. Esta bomba em particular não foi o primeiro dispositivo explosivo que ele produziu. Satisfeito por seu trabalho manual estar completo, ele colocou o dispositivo em uma pequena caixa, colocou tudo em uma bolsa e a entregou a seu co-conspirador. Mais tarde naquela manhã, 7 de agosto de 1932, a bomba fez seu trabalho. A estátua detestada na praça principal de Rennes, que comemorava a incorporação da Bretanha independente à França, exatamente 400 anos antes, foi destruída.

O caminho percorrido por Lainé para um longo exílio na Irlanda foi semelhante, em alguns aspectos, ao de Albert Folens. Lainé era também um intelectual e um nacionalista cultural. Em seu caso, o odiado opressor cultural era a França, mas ele também esperava que o apoio a Hitler pudesse desencadear oportunidades para a libertação de seu amado povo bretão. Seu caminho, no entanto, foi significativamente mais violento. Impressionado pelo sucesso do IRA, durante toda a década de 1930, Lainé tentou construir uma organização paramilitar semelhante, mas com pouco efeito. Graças à confusão da ocupação, porém, em 1943, ele finalmente conseguiu criar e equipar um grupo de uma centena de ativistas conhecidos como a Milícia Perrot, em homenagem a Jean-Marie Perrot, um padre nacionalista bretão que havia sido assassinado pela Resistência Francesa. Esta semente de um futuro exército de libertação bretão usava uniformes alemães cinzentos e verdes, atuava como auxiliar da Gestapo e participava de ações contra os Maquis bretões. Como tantas vezes em guerras brutais que envolvem civis, as velhas contas foram acertadas e os apetites sádicos foram saciados. As famílias leais e aqueles com conexões com a Resistência estavam no topo da lista de Lainé. Ele se especializou em reunir os jovens, homens e mulheres de famílias "suspeitas" e jogar seus corpos torturados em valas comuns no bosque bretão, uma vez que seus homens terminassem com eles.

No verão seguinte, quando os Aliados se dirigiram para Paris, os homens da Milícia Perrot queimaram seus uniformes alemães e fugiram. Alguns se dirigiram ao Reich, esperando desaparecer na Floresta Negra, mas isso logo se revelou um erro que inevitavelmente levou à captura pelas autoridades francesas e à punição mais severa. O próprio Lainé abandonou seus homens restantes no início de junho de 1944, quando eles estavam prestes a serem capturados e fuzilados. Ele foi secretamente para a Irlanda e acabou se estabelecendo no Condado de Galway, onde viveu tranquilamente e ganhou a vida como químico. Ele foi condenado à morte *in absentia* pelas autoridades francesas, mas foi essencialmente ignorado pelos irlandeses. Durante os 40 anos seguintes, ele mergulhou no misticismo Celta, sonhando com uma comunidade unida dos antigos povos celtas ao longo da costa atlântica. Até sua morte, em 1983, no entanto, ele nunca pôde relaxar. Ele temia o dia em que um de seus inimigos viria ao longo do caminho - um investigador Aliado, um pistoleiro da Resistência ou um de seus próprios ex-companheiros de milícia que havia jurado vingar os camaradas que ele havia traído.

ESTADIA EM DUBLIN

A vila de Rathgar foi uma vez uma parada pitoresca na estrada que entrava e saía da capital irlandesa. Engolida pela cidade há muito tempo, tornou-se um subúrbio frondoso de terraços de tijolos vermelhos georgianos e vitorianos muito apreciados pela classe média alta da cidade. Na grande era do edifício eclesiástico, um dos lugares de culto de Rathgar foi apelidado de "igreja dos servos", por causa de sua grande congregação de empregados domésticos que viviam e trabalhavam dentro do imponente parque habitacional da região. Nomes famosos como James Joyce e Bram Stoker eram residentes de Rathgar. E por um breve momento em 1947, o tranquilo Rathgar foi também o lar de um dos homens mais procurados da Europa: Andrija Artuković, também conhecido como o "Açougueiro dos Balcãs".

Artuković foi um advogado qualificado e um dos primeiros membros da organização nacionalista militante croata, a fascista Ustaše. Desde a fundação do movimento, em 1929, ele esteve envolvido em uma série de atividades subversivas e violentas na Iugoslávia entre guerras, até ser obrigado a exilar-se em 1932. Ao vaguear pela Europa na década de 1930, ele inspirou e organizou vários atentados terroristas por emigrantes croatas. Como um agitador notório, ele chamou a atenção dos serviços de segurança nacional e, consequentemente, passou um tempo nas prisões de Belgrado, Budapeste, Viena, Londres e Paris. Ele até perturbou a Gestapo, que considerou prendê-lo quando ele passou por Berlim, em 1937. Os nazistas ficaram impressionados com sua energia e fanatismo, e lembraram dele quando Hitler invadiu e desmembrou a Iugoslávia em 1941. Eles entregaram imediatamente o controle de seu novo estado fantoche da Croácia a Ante Pavelić, o líder da Ustaše. E aprovaram a nomeação de Artuković como Ministro do Interior encarregado da segurança, ordem pública e, posteriormente, da justiça e assuntos religiosos. Artuković controlava todas as alavancas necessárias para realizar o sonho da Ustaše de uma Croácia racial e ideologicamente "pura". Todos os mecanismos habituais de um Estado totalitário moderno estavam à sua disposição: controle das organizações policiais oficiais e secretas, um sistema judicial punitivo, esquadrões assassinos e campos de detenção. Como sempre, as vítimas incluíam os judeus e os ciganos, mas como a maioria dos Ustaše, Artuković detestava particularmente os sérvios cristãos ortodoxos. Sua primeira ação foi remover todos os povos não confiáveis e indesejáveis de qualquer posição de autoridade ou influência dentro da nova Croácia. Judeus, sérvios e aqueles croatas de espírito democrático que não partilhavam do sonho de um estado racialista foram demitidos e substituídos por membros e companheiros de jornada da Ustaše. Então, a perseguição física das minorias indesejáveis começou com seriedade.

Mesmo pelos padrões horríveis da Segunda Guerra Mundial, as atrocidades cometidas nos Bálcãs foram infernais. Os membros da Ustaše não eram especialmente antissemitas, mas estavam felizes em assassinar judeus para manter seus aliados nazistas satisfeitos. Sua forma particular de ódio era alimentada pelos antagonismos raciais e religiosos que há muito tempo emergiam ao longo da história sangrenta dos Bálcãs. O soldado e espião escocês Fitzroy Maclean estava ativo na Iugoslávia em tempos de guerra e, mais tarde, se lembrou de testemunhar os resultados terríveis da sede de sangue dos Ustaše, da carnificina medieval nas aldeias menores e das exibições de troféus de partes dos corpos sérvios mesmo nas ruas da capital Zagreb. Inevitavelmente, a maioria das vítimas eram pessoas muito jovens ou muito velhas para fugir ou lutar. Oficiais alemães em serviço nos Bálcãs reclamaram para Berlim que até mesmo suas tropas de combate tinham ficado doentes e desmoralizadas pelo que descobriram nas cidades que tinham sido visitadas pelos esquadrões de terror da Ustaše. Nos campos de concentração croatas, milhares sucumbiram aos riscos habituais de fome, exaustão e tifo. Entretanto, aqueles que foram realmente assassinados lá descobriram que os agentes da Ustaše eram tão bestiais quanto os guardas nos campos administrados pela Alemanha e, muitas vezes, mais, se isso fosse possível. Ao invés do assassinato organizado e industrial em massa que se abateu sobre tantas vítimas do Terceiro Reich, a morte às mãos dos Ustaše em lugares como Jasenovac era, geralmente, um caso mais pessoal e prático. Os prisioneiros eram despachados individualmente, de forma bastante casual por machado, marreta, barra de ferro ou pelo *srbosjek* ou cortador sérvio, uma luva de couro com uma faca curva presa que era originalmente usada por açougueiros e caçadores. Era ideal para cortar a garganta rápida e profundamente. Os sobreviventes falavam de enforcamentos em massa onde as vítimas eram esquartejadas enquanto ainda tinham um pouco de vida, antes de caírem nos fossos abaixo. Outros relatavam que os guardas realizavam competições de corte de garganta para ver quantos prisioneiros poderiam ser mortos no tempo previsto.

Gradualmente, a folha de acusação contra Artuković foi construída; ele era o Ministro do Governo responsável principalmente por organizar e facilitar essas atrocidades. Mas também listou incidentes desumanos específicos que não foram cometidos apenas sob sua vigilância administrativa, mas foram eventos nos quais ele esteve diretamente implicado e nos quais ele esteve por vezes presente. Toda a população de numerosas aldeias suspeitas de abrigar partidários foi liquidada por sua ordem pessoal, assim como os prisioneiros no Monte Tepec, em 1943, onde as vítimas foram abatidas a tiros e seus corpos esmagados e empurrados para a terra sob as esteiras de tanques.

Quando o estado fantoche croata desabou, em maio de 1945, Artuković caiu em mãos Aliadas, mas no final de 1946 ele e sua família haviam chegado à Suíça neutra sob um nome falso. Quando sua verdadeira identidade foi revelada, em julho de 1947, as autoridades suíças zangadas e envergonhadas o colocaram em um avião com destino à Irlanda, o único país disposto a ajudar os suíços a cuidar de sua "situação difícil". Artuković passou um ano muito agradável e sem perturbação em Rathgar, onde se fez passar por professor de história e causou uma impressão muito positiva na comunidade local. Durante aquele ano em Dublin, o clima político na Europa mudou, a raiva por eventos de guerra esfriou um pouco mais, e a poeira do tempo lentamente começou a cobrir os rastros de muitos homens culpados.

Quando foi apropriado, Artuković e sua família partiram para a Califórnia, onde ele permaneceu por 38 anos, apesar de ser um conhecido criminoso de guerra e ter apenas um visto de turista expirado para apoiar sua longa presença nos EUA. Os pedidos de extradição iugoslava foram repetidamente frustrados, graças à pressão política da comunidade de imigrantes croatas nos EUA e à influência de James McIntyre, um conservador e controverso Arcebispo católico romano de Los Angeles. O fato de que a Iugoslávia do pós-guerra era agora comunista, serviu a seu favor. Belgrado fez seu primeiro pedido de extradição em 1951, no auge da Guerra Fria. Nesse clima, foi fácil para seus advogados de defesa argumentar que Artuković nunca obteria um julgamento justo do Marechal Tito, e "não deveria ser enviado de volta à morte certa às mãos dos Vermelhos". Foi somente no clima político muito alterado dos anos 80 que ele finalmente retornou à Europa para enfrentar a justiça. Em 1986, ele foi julgado em Zagreb, considerado culpado de assassinato em massa e condenado à morte. Aos 88 anos de idade, doente fisicamente, afligido pela demência e extremamente magro, seus advogados conseguiram a suspensão da execução. Ele foi encontrado morto em seu leito de hospital da prisão em janeiro de 1988. Ele nunca admitiu sua culpa e nunca expressou pesar por suas ações. Seu filho disse que seu pai era "o único culpado de ter estado do lado dos perdedores na Segunda Guerra Mundial".

CAPÍTULO 9

REPARAÇÕES INTELECTUAIS

"EU ESTAVA em uma pensão, acho que foi por volta de janeiro de 1945, e um desses foguetes V-2 entrou e atingiu um prédio a cerca de dois quarteirões de distância e esmagou nossa casa, e me jogou para fora do banheiro, no corredor. Quando saí de meu estupor sacudido, lembro-me da senhoria gritando. E eu nunca tive certeza se ela estava gritando por me ver com pouca roupa ou pelo fato de que metade de sua casa tinha desaparecido... Áreas inteiras daquela cidade tinham desaparecido e você tinha que se esconder no metrô, havia pessoas dormindo na plataforma porque não tinham para onde ir... Acho que se os ataques V-2 tivessem continuado, se nosso exército não tivesse tomado os locais de lançamento, poderia ter havido um colapso lá. O V-1, você podia ouvi-lo chegando, e podia vê-lo chegando, depois, quando o motor cortava, ele caía, depois mudava de direção e descia, e você sabia que algo estava vindo. O V-2, você não sabia. Ele atacava e uma parte da cidade desaparecia. Era uma arma inacreditável", lembrou o veterano da marinha canadense Gerald Bowen, em licença para desembarcar em Londres, na época.

Lançada pela primeira vez em Londres, em 8 de setembro de 1944, a "Arma de Vingança Dois" (V-2), como foi chamada pelo Ministério de Propaganda de Goebbels, em referência à interminável campanha de bombardeios dos Aliados sobre as cidades alemãs, transportava uma ogiva de 997 kg viajando a 4.000 km/h, com um alcance de 322 km. Usando a tecnologia de foguetes, o primeiro míssil balístico do mundo seria lançado verticalmente, seu motor disparando apenas por um minuto. Os giroscópios o inclinariam então para 45 graus, e ele percorreria 80 km até chegar à borda do espaço. Um acelerômetro garantiria então que o motor cortasse na velocidade certa para localizar seu alvo. O foguete tombaria no espaço, mas suas quilhas manteriam o nariz apontando para a frente ao reentrar na atmosfera. Voando muito alto e muito rápido para ser interceptado, e fazendo pouco ou nenhum som, porque voava mais rápido que a velocidade do som, atingiria o solo a mais de 2.414 km/h antes de explodir e causar grandes danos e morte. Embora fosse muito tarde para evitar a derrota na Segunda Guerra Mundial, esta sofisticada tecnologia não passou despercebida.

O V-2 foi apenas um de vários desenvolvimentos impressionantes na tecnologia militar trazida por cientistas alemães; outros foram no armamento biológico, como doenças e o gás mortal sarin; uma arma de peste bubônica; o desenvolvimento da tecnologia nuclear; bem como blindagem de tanques; sistemas de propulsão de aeronaves e até mesmo tecnologia furtiva. Os Aliados também estavam interessados em explorar os ativos industriais da Alemanha. Embora alguns digam que a crença dos Aliados na extensão e eficácia da tecnologia nazista era exagerada, eles estavam desesperados para ter acesso aos cientistas, físicos e engenheiros nazistas alemães, juntamente com armas, máquinas e documentação - não apenas para dar a si mesmos uma vantagem econômica e comercial, mas também para evitar que essas vantagens caíssem em mãos soviéticas.

A BRIGA POR SEGREDOS

Armado com as experiências do fim da Primeira Guerra Mundial e esperando que bilhões de dólares fossem pagos em compensação por uma nação derrotada em um conflito devastador, o Congresso americano deu ao presidente autorização para permitir que qualquer país cuja defesa ele definisse como "vital para os Estados Unidos" recebesse armas, outros equipamentos e materiais "por venda, transferência, troca ou arrendamento", já em março de 1941, em preparação para a emissão de dívidas de guerra e reparações resultantes da Segunda Guerra Mundial. As discussões detalhadas sobre o assunto começaram na Conferência de Yalta, em fevereiro de 1945, com a formação de uma comissão de reparações. Em conclusão, a comissão sugeriu reparações no valor de US$ 20 bilhões (em equipamentos, maquinaria, navios, material circulante, etc., entregas anuais de mercadorias da produção atual por um período a ser fixado, bem como o uso de mão-de-obra alemã) das quais a URSS receberia 50 por cento. Os assuntos foram finalizados em Potsdam, em julho, dois meses após a rendição alemã.

Até então, porém, o mercado negro de reparações já estava bem encaminhado. Já em novembro de 1944, os Aliados especialistas em armas biológicas estavam em Estrasburgo, estudando documentos deixados pelo Dr. Eugen Haagen, um especialista em armamento de vírus mortais. Eles também descobriram evidências de que Haagen havia conduzido suas experiências com prisioneiros de campos de concentração. Outros nomes mencionados nesses documentos foram o do cirurgião geral do Terceiro Reich, Walter Schreiber, e seu adjunto, Dr. Kurt Blome. Os três nomes entraram na lista dos procurados - cientistas que desejavam viver e trabalhar nos Estados Unidos! Embora as autoridades americanas estivessem preocupadas com a recuperação econômica da Alemanha do pós-guerra, elas iniciaram uma campanha de espionagem industrial, obtendo patentes químicas, maquinarias e informações tecnológicas alemãs.

Por sua vez, os soviéticos não estavam inativos. Mesmo antes de Potsdam, eles haviam começado a desmantelar plantas industriais alemãs inteiras e a transportá-las para o território soviético. Seu plano era impedir qualquer recuperação alemã, extraindo o máximo de reparações o mais rápido possível e utilizando os quatro milhões de prisioneiros de guerra alemães em seus territórios como trabalho forçado, para reconstruir e estabilizar sua própria economia.

O fim das hostilidades viu o início de uma luta pelos segredos científicos alemães-nazistas. No que acabou sendo os primeiros dias da Guerra Fria, os EUA e a União Soviética se encontraram em uma corrida contra o tempo, um contra o outro. Em março de 1945, os Aliados tiveram sorte quando um técnico de laboratório polonês encontrou uma lista de nomes em um banheiro da Universidade de Bonn. Essa era uma lista de cientistas, engenheiros e técnicos convocados por Hitler, em 1943, para ajudar no esforço de guerra. A lista foi compilada por Werner Osenberg, e incluía as principais mentes científicas do Terceiro Reich. A lista chegou à inteligência britânica e, finalmente, aos Estados Unidos, tornando-se a base para seu esforço de recrutamento.

A corrida continuou. Em abril de 1945, os EUA lançaram a Operação *Lusty*, para avaliar a tecnologia aeronáutica secreta da Luftwaffe. Em maio, as tropas do Exército Vermelho assumiram os laboratórios de pesquisa atômica do Instituto Kaiser Wilhelm, nos subúrbios de Berlim, o que lhes forneceu o que se tornaria a chave para destravar o vasto arsenal nuclear soviético. Quase ao mesmo tempo, o USS *Sutton*, um destroier da Marinha dos EUA, capturou um submarino alemão ao largo de Newfoundland. A bordo do *U-234*, encontraram o Dr. Heinz Schlicke, Diretor de Campos de Testes Navais em Kiel e um especialista em guerra eletrônica. A carga incluía planos para a bomba planador Hs 293, a bomba planador V-1 (precursor dos mísseis Cruise), o foguete V-2 (precursor dos mísseis SCUD), a aeronave de caça Me 262 (o primeiro caça a jato de combate), projetos submarinos e caixas revestidas de chumbo com 544 kg de óxido de urânio, um ingrediente chave das bombas atômicas.

As tropas Aliadas, soviéticas e os serviços de inteligência passaram um pente fino no campo europeu em busca de quaisquer esconderijos de armamento que pudessem encontrar, logo ficou claro que simplesmente estudar as armas não era suficiente; eles precisavam dos cientistas também.

NOVOS RECRUTAS

Os primeiros sucessos para os Aliados continuaram a vir facilmente. O número 1 da chamada *Lista Negra* dos procurados cientistas nazistas, Wernher von Braun - inventor do V-2 - rendeu-se às forças norte-americanas em 2 de maio, trazendo consigo alguns de seus colegas e 14 toneladas de documentos. Eles haviam deixado sua base em Peenemünde, na costa báltica da Alemanha Oriental, poucos dias antes da chegada dos soviéticos para capturá-los. Como von Braun havia esperado, eles foram recebidos de braços abertos, seguros de que o que sabiam era mais importante para os Aliados do que o que haviam feito pela Alemanha nazista. Von Braun e alguns de seus técnicos chegaram a Fort Strong, na ponta norte de Long Island, no porto de Boston, o local para sua entrada nos EUA, em 20 de setembro.

Os britânicos também estavam ocupados neste campo. Eles conceberam um programa destinado a explorar o know-how científico e técnico alemão, utilizando cientistas e técnicos como "espólio humano" para dar à Grã-Bretanha vantagens não apenas em assuntos militares, mas também na indústria e no comércio. Nos últimos meses da guerra, a Missão *Alsos*, um esforço Aliado para descobrir se os alemães tinham um programa de bombas atômicas, capturou Werner Heisenberg em

Inventores do foguete alemão V-2, Professor Wernher von Braun (braço com gesso) e seu irmão Magnus, depois de se renderem às tropas do 7º Exército dos EUA, nos Alpes, em maio de 1945. O braço e o ombro de Von Braun foram fraturados em um acidente de carro algumas semanas antes, quando seu motorista adormeceu ao volante.

uma instalação nuclear perto de Württemberg. Ele era o principal cientista do programa de armas nucleares nazistas. Em junho de 1945, sob instrução do MI6, eles empreenderam uma "evacuação forçada" de 50 cientistas e técnicos de suas casas em Magdeburg. Organizada pelo Subcomitê de Objetivos da Inteligência Britânica (SOIB), a operação foi realizada por uma unidade de campo do Exército Britânico conhecida como *T-Force*. As vítimas de sequestro, levadas contra sua vontade, incluíam projetistas de aeronaves, especialistas em acústica submarina, microscópios eletrônicos, munições e gás sarin. Outro notável sucesso inicial foi o engenheiro Hellmuth Walter, que era pioneiro nos sistemas de propulsão de peróxido de hidrogênio para aviões, submarinos e foguetes. Outras missões desse tipo também foram realizadas por uma unidade de inteligência militar anglo-americana chamada Agência de Informação de Campo (Técnica). Em um esforço para tornar estas operações o mais eficientes possível, os Aliados tinham organizado acomodações luxuosas para seus prisioneiros. Uma delas, o Palace Hotel, em Luxemburgo, tinha o nome em código "Ashcan"; o outro, Crane Mountain Castle, em Hesse, Alemanha, tinha o nome "Dustbin".

OPERAÇÃO *PAPERCLIP*

Em agosto de 1945, o Presidente Truman autorizou o lançamento de bombas atômicas sobre as cidades japonesas de Hiroshima e Nagasaki, marcando o fim de todas as hostilidades e lançando uma corrida armamentista entre as nações. Em resposta ao aumento das tensões, o Departamento de Defesa dos EUA emitiu um alerta sobre a necessidade de se preparar para a guerra atômica, química e biológica com a Rússia, que poderia começar já em 1952. Seu recrutamento ultrassecreto de cientistas nazistas foi oficialmente sancionado como Operação *Overcast*. Embora o presidente não tenha sido informado no início, a operação estava a todo vapor, instruída pelo Comitê Conjunto de Inteligência e dirigida pela Agência Conjunta de Objetivos de Inteligência e pelo Escritório de Serviços Estratégicos, precursor da CIA.

Os primeiros sucessos da operação dos EUA continuaram. Assim como von Braun, eles "recrutaram" outros membros eminentes da equipe V-2, incluindo os engenheiros Arthur Rudolph, Kurt Debus e Bernhard Tessmann. Estes nomes foram adicionados a uma lista que já apresentava o físico nuclear Peter Debye, o biólogo Dr. Kurt Blome, o designer de aeronaves Robert Lusser, o químico Walter Reppe e o engenheiro Georg Rickhey. Mas houve problemas. Já em maio de 1945, a revista *Life* publicou uma reportagem fotográfica com detalhes dos horrores descobertos pelas tropas Aliadas que libertaram os campos de concentração, e histórias de fugas nazistas para a América do Sul. Esta informação horrível foi intensificada pela cobertura da imprensa dos Julgamentos de Nuremberg, que começaram em novembro de 1945. Detalhes das atrocidades nazistas e, em particular, o assassinato sistemático dos judeus, indignaram o público americano e até mesmo alguns membros do Departamento de Guerra. A operação americana estaria em perigo se a notícia se espalhasse.

No final de 1945, o Presidente Truman foi informado da iniciativa. Ele estava preocupado sobre como a inclusão de nazistas no programa seria recebida pela opinião pública. Ele insistiu que os cientistas só deveriam ser autorizados a permanecer temporariamente, e que o governo deveria enfatizar a utilidade de suas contribuições para a vida na América. O nome da iniciativa foi alterado para Operação *Paperclip*, em referência aos clipes de papel que eram anexados aos arquivos daqueles cujos passados deveriam ser mantidos em segredo.

Apesar das apreensões do presidente, a Operação continuou a recrutar nazistas conhecidos por terem participado de crimes de guerra. Membros da Agência Conjunta de Objetivos de Inteligência, Escritório de Serviços Estratégicos e os militares fizeram o que puderam para disfarçar as histórias reais de seus novos recrutas, destruindo documentos em seus arquivos, reescrevendo dossiês e, geralmente, "polindo" suas histórias, mas eles tinham muito trabalho a fazer. Von Braun tinha sido membro da SS e tinha visitado o campo de concentração em Buchenwald para escolher manualmente trabalhadores escravos para o projeto V-2; Arthur Rudolph tinha usado trabalhadores do campo Mittelbau-Dora para seu trabalho, dos quais entre 12.000 e 20.000 tinham morrido de doença, fome ou desnutrição. Outros trabalharam até a morte ou enforcados publicamente por pequenas transgressões. Hubertus Strughold tinha participado de crimes de guerra horríveis durante seu tempo como médico em Dachau, quando supervisionou experiências dolorosas e, muitas vezes, fatais, que envolviam fechar os prisioneiros em câmaras de pressão e tanques de água quase congelada.

Em janeiro de 1946, havia cerca de 160 cientistas alemães nos EUA, alguns em Hilltop, em Dayton, Ohio, onde trabalhavam em pesquisa de motores, aerodinâmica, combustíveis para foguetes, supersônica e negócios, e outros, incluindo os cientistas de foguetes, em Fort Bliss, no Texas, e White Sands Proving Grounds, no Novo México, onde trabalhavam ao lado de cientistas militares americanos.

Em outubro de 1946, os soviéticos revidaram com a Operação *Osoaviakhim*, durante a qual unidades policiais e militares prenderam cerca de 2.200 especialistas alemães em aviação, foguetes, comunicações, máquinas agrícolas e construção naval, e suas famílias que viviam na zona de ocupação soviética. Eles foram imediatamente transportados de trem, cerca de 6.000 pessoas no total, para vários locais secretos na Rússia. Toneladas de máquinas e outros equipamentos também foram transportados, particularmente do centro de foguetes V-2, na fábrica de armamentos Mittelwerk, em Nordhausen, que foi tomado depois que von Braun e seu pessoal partiram, e do centro de testes de aviação militar da Luftwaffe, em Mecklenburg.

Em novembro de 1946, surgiram nos EUA notícias de que mais mil cientistas estavam a caminho, vindos da Alemanha. Jornais como o *New York Times* e revistas como a *Newsweek* publicaram a história da Operação *Paperclip*. Figuras públicas como a ex-primeira-dama, Eleanor Roosevelt, Albert Einstein e o proeminente rabino nova-iorquino Steven Wise criticaram publicamente o programa. Para justificar-se, o governo emitiu relatórios de imprensa explicando que os cientistas retratados nos jornais não tinham sido verdadeiros nazistas, apenas suas vítimas. Foram publicadas fotos dos homens com suas famílias, caminhando, pescando e jogando golfe no meio das paisagens americanas. O debate ético continuou.

O HOMEM-FOGUETE

Embora os britânicos estivessem principalmente preocupados em aprender os segredos do comércio e indústria alemães, eles também estavam interessados nos conhecimentos dos alemães sobre armamentos e guerra química. Foi relatado que em 1946 eles listaram sete cientistas da fábrica química IG Farben, os quais estavam interessados em interrogar. Sabe-se também que as equipes da *BIOS* enviadas para localizar os cientistas ou técnicos envolvidos incluíam frequentemente representantes de empresas britânicas, tais como ICI, Pears Soap, Max Factor e Yardley, entre outras.

No entanto, as políticas do Departamento de Guerra começaram a ser questionadas. Havia queixas de que muitos dos cientistas estavam sendo aprisionados em campos na Alemanha e na Grã-Bretanha, e estavam sendo transportados para a Grã-Bretanha contra a vontade, muitas vezes sem suas famílias e sem dinheiro. Naturalmente, havia também a questão de seus vínculos nazistas a considerar.

Embora os franceses estivessem tão interessados quanto os outros Aliados em fazer uso da ciência e tecnologia alemãs, eles fizeram o trabalho de uma maneira diferente. Os soviéticos foram os menos sutis, levando os cientistas, os técnicos e seus laboratórios para a Rússia. Os EUA e a Grã-Bretanha fizeram uma coisa semelhante, levando o pessoal para longe de suas casas, mas colocando-os para trabalhar em instalações já existentes de última geração. Mas os franceses, talvez tendo em mente a importância da cooperação futura com seus vizinhos, chegaram a uma política diferente. Após a animosidade inicial, que viu táticas semelhantes utilizadas pelos militares franceses para apreender informações e equipamentos para uso em aeronáutica e eletrônica, o governo francês percebeu a necessidade de colaboração. Os laboratórios alemães na Zona de Ocupação Francesa tornaram-se instituições de colaboração onde cientistas franceses aprenderam as habilidades e conhecimentos alemães. Isto produziu resultados mutuamente benéficos e confiáveis, com a vantagem adicional de ser politicamente aceitável. Também poderia ser julgado como valioso em termos de construir relações futuras entre as duas nações.

Obcecado com a construção de foguetes desde os 13 anos de idade, Wernher von Braun deixou a escola cedo para perseguir seus sonhos de viagens espaciais. Em 1932, aos 20 anos de idade, o exército alemão lhe ofereceu dinheiro para investigar a possível aplicação de foguetes em operações militares, e ele começou a trabalhar na estação de foguetes Kummersdorf, ao sul de Berlim. Em três anos, seu grupo havia desenvolvido e lançado foguetes com motores movidos a combustível líquido, uma nova tecnologia que se tornou a base dos modernos voos espaciais.

Em 1942, ele finalmente produziu o míssil A-4, que logo foi seguido pelo V-2. Testados nas instalações em Peenemünde, os foguetes foram construídos em Mittelwerk, na Alemanha Central. Em algum momento durante estes anos, von Braun havia se unido ao Partido Nazista, ao exército e à SS - ações que, mais tarde, lançariam sombra sobre sua nova vida na América.

VOO À LUA

Após quatro anos no Novo México, von Braun e sua equipe foram transferidos para Huntsville, Alabama. Em 1953, eles apresentaram o Redstone, o primeiro míssil balístico da América, que poderia entregar uma ogiva nuclear a um alvo a 400 km de distância. Cinco anos depois veio o Júpiter-C, que lançou o primeiro satélite americano.

Com foguetes, satélites e bombas atômicas que agora faziam parte do cotidiano, o público americano logo desenvolveu um apetite por histórias de ficção científica e filmes retratando guerreiros no espaço, combatendo criaturas com suas armas de raios. À medida que a fantasia da corrida espacial começou a parecer credível, a publicidade começou a iluminar o suave, adequado e eloquente von Braun. Em 1953, von Braun teve a oportunidade de contar ao público em geral sobre seus planos de viagens espaciais tripuladas quando foi encarregado de escrever uma série de artigos sobre o assunto na revista *Collier*. A circulação da revista aumentou para quatro milhões de exemplares, pois os leitores ficaram fascinados com a visão de von Braun sobre o futuro. Dois anos mais tarde, Walt Disney pediu a von Braun para atuar como consultor técnico em uma série de filmes relacionados ao espaço, que deveriam ajudar a promover seu novo parque temático da Disneylândia, na Califórnia. Na verdade, os três filmes foram uma sensação. O próprio Disney descreveu o primeiro filme, exibido em março de 1955, como "fato científico". A série combinava ciência real apresentada pelo genial e carismático von Braun, e a animação lúdica e tecnicamente brilhante da Disney para explicar como a América iria para a Lua e até mesmo para Marte por meio de foguetes e uma estação espacial orbital. Estima-se que 42 milhões de pessoas assistiram ao programa de abertura, "O Homem no Espaço", sobre o qual um crítico disse: "Nele foi empregado o pensamento das melhores mentes científicas trabalhando em projetos espaciais hoje, tornando-o mais fato do que fantasia".

Von Braun foi apresentado na capa da revista *TIME* em 1958, e dois anos depois seu grupo de foguetes passou a fazer parte da Administração Nacional de Aeronáutica e Espaço (NASA), cujo objetivo principal era desenvolver foguetes Saturno gigantescos. Von Braun foi nomeado diretor do Centro de Voo Espacial Marshall, da NASA, e foi o arquiteto chefe do veículo lançador Saturn 5, o superlançador que impulsionaria o homem até a Lua.

Em 5 de maio de 1961, o astronauta americano Alan Shepard fez um voo suborbital bem-sucedido em um foguete Redstone-Mercury, construído pelo grupo de von Braun. Pouco depois, o recém-eleito presidente americano John F. Kennedy, preocupado que os soviéticos estivessem à frente na corrida espacial por causa da órbita da Terra de Yuri Gagarin, em abril de 1961, pediu ao Congresso que financiasse um programa para aterrissar um homem na Lua até o final dos anos 60.

Durante a década seguinte, von Braun foi fotografado com colegas cientistas, astronautas, celebridades e presidentes, todos em frente aos enormes foguetes que ele estava criando. Ele tomou seu lugar na sala de lançamento do Centro Espacial Kennedy na quarta-feira, 16 de julho de 1969, quando seu foguete Saturn 5 levou a tripulação da Apollo 11 para a Lua, cumprindo assim tanto a missão do Presidente Kennedy quanto seu próprio sonho de vida.

O "AZARADO"

Trabalhando no veículo de lançamento Saturn 5 ao lado de von Braun durante esses anos, estiveram mais de uma centena de seus colegas alemães, muitos deles conhecidos pelas autoridades americanas como nazistas. A equipe incluía Arthur Rudolph, Hubertus Strughold e Kurt Debus. Rudolph, descrito em seu arquivo de inteligência dos EUA como "100% nazista, tipo perigoso", liderou a equipe que construiu o foguete. Kurt Debus, outro ardente membro do Partido Nazista -

"Ele deveria ser internado como uma ameaça à segurança das Forças Aliadas" - foi o chefe do Centro de Operações de Lançamento no Cabo Canaveral, enquanto Strughold, mais tarde conhecido como o "pai da medicina espacial" por projetar os sistemas de suporte de vida a bordo da NASA, esteve envolvido na realização de "experimentos" em Dachau e Auschwitz. Outro membro proeminente do grupo, Bernhard Tessmann, que projetou o Edifício de Montagem Vertical que abrigou o foguete antes do seu lançamento, foi Designer de Instalações no centro de mísseis alemão em Peenemünde. O Departamento de Guerra tinha feito bem seu trabalho de acobertamento. Embora houvesse uma pequena oposição à chegada dos cientistas alemães em 1947, após a intensificação da Guerra Fria, ela praticamente desapareceu.

Sem dúvida um dos mais influentes engenheiros de foguetes do século XX, von Braun sempre teve sorte. Nascido em uma família de alto nível, criado em um ambiente privilegiado, supremamente dotado academicamente e capaz de passar sua vida recebendo pagamentos generosos para satisfazer sua obsessão na construção de foguetes, ele morreu em 1977 e foi celebrado como um gênio científico e o criador de Saturno 5, ao invés de um nazista responsabilizado pelo que alguns viam como seus crimes de guerra. Em um artigo na revista *TIME*, publicado em 2019, o jornalista Alejandro de la Garza resumiu-o da seguinte forma: "[Que von Braun] morreu como um herói americano, em grande parte, inquestionável, fala ao que talvez fosse sua maior habilidade: a habilidade de vendedor. Para sobreviver na Alemanha nazista, ele vendeu a Hitler um sonho de vitória através de tecnologia superior. Mais tarde, ele vendeu ao exército americano uma visão de domínio nuclear intercontinental. Mas a maior venda de von Braun é aparente nas filmagens da Disney. Para os americanos, ele vendeu o sonho dos homens no espaço e bandeiras na Lua. E, de modo geral, a nação o comprou, sem fazer perguntas".

John F. Kennedy em Cabo Canaveral (agora Cabo Kennedy) com o cientista de foguetes nascido na Alemanha e o diretor de operações de lançamento da NASA Kurt Debus, um fanático nazista e ex-oficial da SS.

Outros tiveram sorte, também. Robert Lusser, projetista do Messerschmitt M37, trabalhou para a Marinha dos EUA e para o Laboratório de Propulsão a Jato antes de se juntar à equipe de foguetes de von Braun; Kurt Debus, ex-membro do Partido Nazista e da SS, trabalhou no programa Apollo como diretor do Centro de Operações de Lançamento da NASA e foi empossado no Hall da Fama do Espaço Nacional em 1969; Hubertus Strughold, envolvido em crimes de guerra cometidos em Dachau, também trabalhou na NASA e teve um prêmio estabelecido em sua homenagem pela Associação de Medicina Espacial, em 1963, por contribuições extraordinárias em pesquisas médicas relacionadas ao espaço; e Bernhard Tessmann viveu e trabalhou em Huntsville para o resto de sua vida.

Na verdade, apenas um dos cientistas dos foguetes foi realmente acusado de crimes de guerra. Após uma investigação sobre suspeitos de crimes de guerra iniciada por Eli Rosenbaum, em 1979, Arthur Rudolph, gerente do programa Saturn 5, recebedor da Medalha de Serviço Distinto da NASA e cidadão americano, concordou em renunciar à sua cidadania e deixar o país em vez de enfrentar as acusações do Departamento de Justiça de que ele havia "brutalizado trabalhadores escravos" do campo de concentração Mittelbau-Dora durante a guerra. Rudolph deixou os EUA em março de 1984 e seguiu para a Alemanha Ocidental. Embora as autoridades da Alemanha tivessem recebido provas de seus homólogos americanos, elas se recusaram a processá-lo por não haver provas suficientes que justificassem tal medida.

Como resultado, Rudolph veio a lamentar sua decisão e tentou recuperar sua cidadania e retornar aos Estados Unidos. Mas, como parte de seu acordo para evitar o processo, ele havia renunciado aos seus direitos de apelação e aos serviços de um advogado. Ele havia sido retirado de sua casa de repouso na Califórnia e deportado. Ele precisava de outro plano. Em 1991, ele e sua esposa fizeram uma viagem ostensivamente para ver sua filha em Toronto. Entretanto, como ele havia planejado, eles não podiam entrar no país sem uma entrevista com os funcionários de imigração canadenses, que haviam sido alertados sobre sua chegada pelos funcionários americanos. Finalmente, ele tinha uma plataforma para divulgar as provas a favor e contra seus supostos crimes de guerra. Ele alegou que não tinha conhecimento de nenhum tratamento indevido ou da execução de nenhum trabalhador em Nordhausen. Entretanto, os promotores insistiram no fato de que ele estava envolvido em um enforcamento em massa de trabalhadores de um guindaste situado fora de seu escritório. Seu pedido de entrada no Canadá foi rejeitado e ele teve que deixar o país. A história do julgamento de Rudolph é contada em um documentário perturbador de Johnny Gogan, chamado *Prisoners of the Moon*, lançado em 2019.

OS FINS JUSTIFICAM OS MEIOS

Não há dúvidas de que em 1945 e 1946 as vantagens oferecidas por seu inimigo derrotado eram tentadoras demais para que os Aliados recusassem. Os avanços científicos, tecnológicos e médicos alemães eram de dar inveja ao mundo. Quando a década de 1940 chegou ao fim, muitos dos programas também acabaram, e alguns dos "sequestrados" para trabalhar na Grã-Bretanha, França e na União Soviética voltaram para casa. Naquela época, os termos de seu emprego já haviam sido resolvidos. Muitos estavam alojados e recebendo dinheiro adequadamente, alguns tinham contratos lucrativos e eram acompanhados por suas famílias, e os EUA estavam felizes em oferecer cidadania a muitos deles.

Olhando para trás, uma década após a guerra, estas operações foram vistas como um sucesso, particularmente para os EUA. Em termos militares, eles já tinham seu programa de mísseis de cruzeiro, tinham adquirido o Horten Ho 229 - sem dúvida, a primeira aeronave furtiva do mundo - adquiriram os conhecimentos básicos para desenvolver mísseis de cruzeiro, e aprenderam as melhores técnicas para proteger os soldados americanos durante a guerra atômica. Naturalmente, os cientistas não foram os únicos alvos destas operações. Em um esforço para desviar as críticas à operação "ultrassecreta", após artigos na imprensa em 1947, o Presidente Truman ordenou ao Departamento de Comércio que enfatizasse os avanços mais populares feitos com a tecnologia nazista, como o desenvolvimento da borracha sintética (usada em pneus de automóveis), meias que não escorregavam, o termômetro auricular, a fita eletromagnética e os componentes elétricos miniaturizados. Eles também fizeram avanços na produção de combustíveis sintéticos, gravadores de fita, filme colorido, maquinarias, equipamentos pesados, cerâmica, vidro ótico, corantes e microscópios eletrônicos.

Para os russos, a operação também foi um sucesso, pois o trabalho dos cientistas alemães capturados permitiu à União Soviética alcançar e superar brevemente os EUA na tecnologia de foguetes. Isto aconteceu apesar de Stalin ter dizimado o setor de pesquisa científica durante a Grande Purga (1936-38), prendendo ou executando os melhores cientistas e engenheiros do país. Se não fossem as contribuições alemãs, os soviéticos não teriam sido capazes de competir nem na corrida armamentista, nem na corrida espacial.

Os britânicos estavam mais preocupados com o comércio, felizes em se beneficiar de qualquer coisa que lhes desse vantagens econômicas nos negócios e no comércio, seja na mineração de carvão, na tecnologia de impressão ou na fabricação de perfumes. No entanto, eles não ignoravam as questões militares. Os foguetes, particularmente os mísseis V-2, que eram amplamente utilizados contra a Grã-Bretanha, eram considerados de alta prioridade, particularmente à luz da possibilidade de que um dia tal foguete pudesse ser equipado com uma ogiva atômica e mudar a face da guerra no futuro. Outra prioridade para os militares britânicos era a guerra química. Em 1936, IG Farben tinha desenvolvido um agente nervoso, tabun, que poderia infligir grandes danos ao sistema nervoso humano. Outras pesquisas produziram derivados ainda mais potentes, chamados sarin e soman. Os Aliados não tinham nada que se comparasse com o poder de tais armamentos. Os soldados britânicos haviam tropeçado em um caminhão carregado de cartuchos estranhamente marcados, em um pátio de trilhos perto de Lübbecke. Foram realizadas investigações sobre os cartuchos e a documentação descoberta com eles por cientistas em Porton Down, em Wiltshire, mostrou os efeitos devastadores que o uso desses novos agentes de sistema nervosos teria. Com o tempo, esta descoberta permitiu que a Grã-Bretanha e os EUA adicionassem agentes de sistemas nervosos a seus arsenais.

Para a França, que dividia uma fronteira de 480 km com a Alemanha, a colaboração com seus antigos inimigos era considerada essencial para evitar outro conflito prejudicial entre os dois países. Como parte de seu acordo de reparações, a França ocupou as regiões alemãs do Saar e do Ruhr, duas das minas de carvão mais produtivas da Europa. Isto foi particularmente importante. Apesar de sua derrota, a indústria alemã - em particular sua produção de aço - que funcionava como uma série de cartéis para minar a concorrência, conseguiu voltar aos níveis de produção anteriores à guerra quase imediatamente. Embora o povo francês não estivesse interessado na aproximação com a recém-formada Alemanha Ocidental, o governo francês sabia que concordar em colaborar com o carvão poderia afrouxar os laços dos cartéis do aço e quebrar a antiga oposição entre os dois países. Em 1951, a França, a Alemanha, a Itália e os países do Benelux haviam assinado o Tratado de Paris. Foi a primeira indicação de um projeto europeu com a França e a Alemanha como seus principais atores.

As histórias das Operações *Paperclip*, *Osoaviakhim*, *Alsos*, *Lusty* e outras, em busca do conhecimento militar, científico e comercial do derrotado regime nazista na Alemanha, seguiram padrões parecidos e lançaram questões semelhantes. A princípio, estas operações eram consideradas como "ultrassecretas". Isto não é surpreendente, pois começaram quando a guerra ainda estava em curso, inicialmente, na forma de uma corrida não apenas entre os Aliados, mas uma corrida que se concentrava em impedir que os soviéticos, então já identificados como o novo inimigo, pusessem suas mãos em qualquer coisa que pudesse dar-lhes a mínima vantagem na Guerra Fria que estava por vir. Havia artigos na imprensa sobre isso, mas o ultraje moral veio.

Isso aconteceu somente no final dos anos 70 - O herói americano Wernher von Braun escapou por um triz, morrendo em 1977 - quando a ascensão do jornalismo investigativo começou a revelar as histórias reais por trás dessas operações Aliadas, provocando o ultraje moral, pois os EUA e a Grã-Bretanha, em particular, estavam contrabandeando criminosos de guerra conhecidos, que eram responsáveis por atos bárbaros de crueldade, dando-lhes novas identidades, novas vidas e permitindo-lhes evitar a responsabilização por seus crimes de guerra. O Dr. Kurt Blome, por exemplo, testou os efeitos do gás de nervos nos prisioneiros de Auschwitz. Embora preso e julgado em Nuremberg, ele foi salvo da forca e levado para os EUA como parte da Operação *Paperclip*. Otto Ambros, o conselheiro favorito de Hitler para a guerra química e co-descobridor do gás sarin, também trabalhou em Auschwitz e foi condenado por assassinato em massa e uso de trabalho escravo. Ele recebeu clemência e foi convidado para trabalhar nos Estados Unidos, para o exército e para a Dow Chemical. O Dr. Herbert Gerstner, que conduziu centenas de experimentos com "crianças de mente fraca" e idosos, antes de serem mortos no programa de eutanásia T4 de Hitler, foi recrutado pela *Paperclip* para conduzir experimentos de radiação em pacientes com câncer moribundos no Texas. Mas isso não parecia importar. A política não oficial dos EUA decidiu que era necessário adquirir esses nazistas para acelerar o avanço científico, tecnológico e econômico dos Estados Unidos. Como von Braun havia calculado antes de se render aos americanos, não importava quais atrocidades fossem eventualmente descobertas, nenhuma grande potência mundial recusaria o conhecimento dos avanços tecnológicos feitos pelos nazistas, nem poderia se dar ao luxo de não saber como combatê-los, precaver--se deles ou ultrapassá-los. Muitos desses novos cidadãos poderiam ter sido gênios, compartilhando prêmios Nobel e outros prêmios entre si, e todos eles podem ter se preocupado mais com a ciência do que com o nacional-socialismo, mas nunca foram responsabilizados pelo que fizeram na guerra. O entendimento, então, parecia ser de que o fim sempre justifica os meios: Os Estados Unidos se beneficiariam muito de sua contribuição. Em termos morais, então, parece que a paz foi quase tão cara quanto a guerra.

CAPÍTULO 10

OS ÚLTIMOS NAZISTAS

Nos anos seguintes à Segunda Guerra Mundial, as pessoas foram consumidas pelos legados imediatos do conflito. Isto incluía lidar com os perpetradores de crimes de guerra por meio da justiça sumária, através dos julgamentos em Nuremberg e em outros lugares. Mas, a necessidade de vingança logo diminuiu, em parte devido ao cansaço da guerra, uma necessidade geral de avançar e porque o Ocidente havia encontrado um novo inimigo - os comunistas soviéticos - e estava se envolvendo em complicações da Guerra Fria. Foi preciso pelo menos uma geração para alcançar a distância necessária do Holocausto para ver todo o seu horror e para encontrar a vontade de enfrentá-lo. Esse processo começou em Jerusalém, capital de Israel, o ainda novo Estado-nação do povo judeu.

O HOMEM "COMUM"

Em 11 de abril de 1961, o teatro de *Beit Ha'am* (a Casa do Povo), o recém-construído centro cultural de Jerusalém, ficou lotado com mais de 700 pessoas para o início do julgamento de Adolf Eichmann, arquiteto da chamada Solução Final - a deportação em massa de judeus europeus para guetos e campos de extermínio. A multidão incluía centenas de jornalistas, repórteres de rádio e das redes americanas de televisão que iriam veicular os procedimentos através de uma transmissão ao vivo para 37 países, incluindo a Alemanha Ocidental. Tornou-se o primeiro evento global de televisão do mundo.

Assim que Eichmann tomou seu lugar na cabine de vidro à prova de balas do tribunal, o mundo teve sua primeira visão do homem pequeno e careca, de óculos com lentes grossas que tinha sido responsável pela organização do assassinato sistemático de seis milhões de judeus. Pela primeira vez, o mundo foi confrontado com a encarnação do mal

No banco dos réus: O criminoso de guerra nazista Adolf Eichmann, em julgamento em Jerusalém, 1961.

nazista. Em seu traje malfeito, colocando suas canetas, papéis e depois polindo seus óculos, ele parecia tão normal - a personificação do que a teórica política e autora Hannah Arendt, relatando o julgamento para a revista *New Yorker*, chamou de "a banalidade do mal".

Durante o julgamento de 14 semanas, o tribunal ouviu as provas de 112 testemunhas, muitas delas sobreviventes do Holocausto. A intenção da acusação não era apenas estabelecer a culpa de Eichmann, pois ninguém duvidava disso, mas apresentar um quadro do Holocausto como um todo, expondo os detalhes horríveis milhões, pela primeira vez. Uma das sobreviventes, Rivka Yosselevska, contou à corte sobre sua fuga do poço de execução em Zagrodzki, na Bielorrússia, em 1942. Na noite de sexta-feira, 14 de agosto, o gueto da aldeia, lar de cerca de 500 famílias judias, foi cercado por um destacamento de tropas da SS *Einsatzgruppen*. Na manhã seguinte, as pessoas foram instruídas a alinharem-se e tirarem suas roupas. Nuas, elas foram encurraladas em direção a um poço e foram baleadas. Yosselevska viu os outros 11 membros de sua família serem mortos e seus corpos empurrados para o fosso abaixo. Ela também foi baleada na cabeça, mas sobreviveu, deitada entre os corpos por três dias e noites, antes de ser resgatada por um fazendeiro que a escondeu, alimentou-a e, eventualmente, a ajudou a se juntar a um grupo de judeus escondidos em uma floresta próxima. Eles permaneceram escondidos até a chegada do exército soviético, no verão de 1944. O Dr. Martin Foldi descreveu como ele, sua esposa, filho e filha foram levados da Hungria para Auschwitz em um caminhão de gado. Na chegada, duas linhas foram formadas: Foldi foi para a direita; sua esposa, seu filho e sua filha foram para a esquerda. Foldi havia comprado recentemente um casaco vermelho para sua filha de dois anos. Quando ele olhou para cima, momentos depois de estar separado de sua família, não pôde ver sua esposa e seu filho mas, disse ele, podia "ver o pequeno ponto vermelho ficando cada vez menor - foi assim que minha família desaparececeu de minha vida."

Eichmann ouviu impassivelmente uma tradução do julgamento de seu cubículo de vidro, ouvindo as histórias das testemunhas. Algumas delas tinham encontrado Eichmann durante seu cativeiro e falaram de seu "entusiasmo" e "zelo fanático e sede de sangue insaciável"; outras simplesmente contaram suas próprias histórias em detalhes trágicos. Em sua defesa, Eichmann insistiu que ele era um funcionário menor, sem outra escolha a não ser seguir ordens. Uma pequena engrenagem em uma roda grande, apenas um funcionário, um homem comum. Ele explicou que, após uma decisão tomada por Hitler e planejada na Conferência Wannsee, em janeiro de 1942, Göring instruiu Heydrich a apresentar um plano para uma "solução total para a questão judaica". Heydrich e Eichmann foram então encarregados da tarefa de assegurar que todos os judeus da Europa ocupada pela Alemanha fossem mortos. Ele não sentiu culpa por colocar o plano em ação, e nenhuma culpa pelas consequências.

O julgamento foi concluído em 12 de agosto de 1961. Em 12 de dezembro, teve início a apresentação do veredicto dos juízes. A defesa de Eichmann de "seguir ordens" foi rejeitada. Embora tenha sido considerado pessoalmente inocente de qualquer assassinato, ele foi considerado responsável pela aquisição de judeus para os campos, pelas terríveis condições de transporte que os levaram à morte e por ser um "perpetrador chave" do genocídio judaico. Ele foi sentenciado à morte por enforcamento. Após recursos infrutíferos, a sentença foi executada em 1º de junho de 1962, na prisão de Ramla. Horas mais tarde, seu corpo foi cremado e as cinzas espalhadas no mar além das águas territoriais de Israel.

O julgamento, cuja história é contada em detalhes no filme de 2015, *The Eichmann Show*, foi uma sensação, e o testemunho dos sobreviventes ouvidos pela primeira vez por milhões de pessoas, judias e não judias, deixou um poderoso legado. Até então, mesmo em Israel, suas histórias não eram acreditadas, pouco discutidas e logo esquecidas; os sobreviventes eram vistos como se fossem, de alguma forma, cúmplices dos horrores que haviam ocorrido nos campos de concentração e morte. No entanto, à medida que o julgamento se acelerava, toda a conversa nas lojas, cafés e mercados israelenses era sobre os acontecimentos daquele dia na sala de audiências. Enquanto as testemunhas falavam, elas eram realmente ouvidas, e as pessoas ouviam em primeira mão as histórias trágicas e dolorosas, assim como Eichmann foi forçado a fazer durante o processo. O julgamento finalmente derrubou o muro de quase silêncio que havia cercado o que o fundador e primeiro-ministro de Israel, David Ben-Gurion, chamou de "o único crime que não tem paralelo na história humana".

SOBRE A CAÇA

Embora a Segunda Guerra Mundial tenha terminado há mais de 75 anos, os jornais e os sites de notícias ainda estão repletos de histórias dos julgamentos de antigos guardas nazistas, pessoal médico e outros funcionários - histórias impressas por causa do fascínio duradouro do mundo por este fenômeno horripilante.

A caça aos nazistas começou muito antes deles se renderem, em maio de 1945. Naquele ano, a equipe britânica de investigação de Crimes de Guerra ajudou a encontrar Rudolf Höss, ex-comandante em Auschwitz, enquanto o Corpo de Contraespionagem dos EUA, liderado por Robert E. Matteson, capturou Walter Riedel - chefe de construção do programa de foguete V-2 - e Ernst Kaltenbrunner, chefe do Escritório de Segurança Principal do Reich. Entretanto, essas organizações dirigidas pelo governo Aliado começaram a reduzir suas operações já em novembro de 1946, citando falta de pessoal, falta de especialização, altos custos e assim por diante. Na realidade, era mais provável que tivesse sido uma decisão política, pois as reclamações contra os métodos utilizados pelos investigadores britânicos, franceses e americanos se tornaram cada vez mais frequentes.

A caça aos nazistas, no entanto, não desapareceu. Nos anos 50, a agência de inteligência israelense Mossad aceitou o desafio, localizando Eichmann, que vivia em Buenos Aires, onde trabalhava na fábrica Mercedes-Benz sob o nome de Ricardo Klement, sequestrando-o e levando-o secretamente de volta a Israel para enfrentar a justiça. Também é alegado que eles localizaram Josef Mengele na América do Sul antes de decidir não o prender. A Mossad havia sido informada por Simon Wiesenthal de que Mengele estava no Brasil, talvez o mais famoso de todos os caçadores de nazistas. Nascido em uma família judia na Áustria, em 1908, Wiesenthal sobreviveu ao encarceramento em 11 diferentes campos de morte nazistas entre 1941 e 1945. Convencido de que sua sobrevivência tinha um propósito, ele fez de sua vida o trabalho de rastrear e punir os perpetradores do Holocausto. Quando ele morreu, em 2005, suas investigações já haviam ferido cerca de 1.100 criminosos de guerra nazistas. O Centro Simon Wiesenthal, nomeado em sua homenagem, publica uma lista anual dos "mais procurados" entre os criminosos nazistas de guerra desde 2001, que é elaborada por Efraim Zuroff, diretor do escritório da Organização em Jerusalém.

Serge e Beate Klarsfeld caçam os nazistas há 70 anos. Com sede em Paris, o casal passou suas vidas em busca de justiça para as vítimas e sobreviventes de crimes de guerra da SS na França e de colaboradores franceses de Vichy. Serge é judeu e nasceu na Romênia, mas a família migrou para a França antes do início da Segunda Guerra Mundial. Em 1943, seu pai foi enviado a Auschwitz, onde morreu. Sua esposa alemã, Beate, não é judia, mas se comprometeu a "dedicar sua vida às vítimas e sobreviventes do Holocausto" como um "ato de expiação" pelas ações de seus compatriotas.

Eles levaram pelo menos 10 criminosos de guerra e colaboradores à justiça, incluindo Klaus Barbie, que foi condenado e enviado à prisão perpétua em 1987; o ex-chefe da polícia de Paris, Maurice Papon, que foi responsável pela deportação de 140.000 judeus franceses; e o colaborador René Bousquet, que descobriu 44 crianças judias na aldeia de Izieu, no leste da França. Elas foram reunidas e enviadas para Auschwitz, onde foram mortas a gás e queimadas. Com poucos nazistas para localizar, os Klarsfelds agora passam grande parte de seu tempo documentando o Holocausto na França.

O departamento de estado que ainda tem interesse na caça dos nazistas é o Escritório Central de Investigação de Crimes Nacional-Socialistas. Criado pelo governo da Alemanha Ocidental em 1958, seus escritórios estão em Ludwigsburg, no sudoeste da Alemanha. Grande parte de seu trabalho envolve o exame dos arquivos e outros registros de antigos campos de concentração no que o pessoal chama de "uma gigantesca operação de casos arquivados", mas os investigadores também estão frequentemente na América do Sul. Dentro de seus escritórios há um arquivo sempre em expansão de 1,7 milhões de fichas que registram os nomes de massacres, batalhas, campos de concentração, vítimas, testemunhas e perpetradores. É o repositório mais completo do mundo de crimes nazistas e das tentativas do pós-guerra de levar o regime à justiça. Em 2016, o departamento lançou uma operação no Brasil quando um detetive da polícia alemã, Uwe Steinz, foi encarregado de pesquisar nos arquivos nacionais do Rio de Janeiro os registros de imigração. Ele retornou de mãos vazias. Com os nazistas remanescentes agora com a certeza de estarem na casa dos 90, parece provável que o departamento seja fechado em breve, para sempre.

É claro que, ao longo dos anos, algumas buscas foram mais bem-sucedidas do que outras.

O MISTÉRIO DE MENGELE

Um dia, no início de fevereiro de 1979, Josef Mengele e seus amigos, os Bosserts, foram para a praia de Bertioga, perto de São Paulo, no Brasil. Estava um dia quente e as águas do Atlântico estavam calmas e frescas. Em algum momento da tarde, o Mengele mal-humorado e superaquecido foi dar um mergulho. Cerca de dez minutos depois, ele sofreu um derrame que paralisou um lado de seu corpo. Ele lutou por sua vida, mas quando os socorristas chegaram até ele, estava morto. Seu corpo foi puxado para a praia, onde ficou até a chegada da polícia, mais tarde naquele dia.

Mengele foi enterrado numa encosta em Embu das Artes, a oeste da cidade em que tinha uma vida, com uma pequena cerimônia sob o nome Wolfgang Gerhard, baseada na carteira de identidade que ele carregava durante sua viagem à praia. A família de Mengele manteve sua morte em segredo para proteger aqueles que lhe haviam oferecido abrigo durante seus anos de fuga.

O mistério começou a se desvendar em 1985. Simon Wiesenthal alegou que houve vários avistamentos na Grécia, no Egito e na Espanha durante os anos 60 e 70, mas ele não foi encontrado. Em fevereiro de 1985, foi realizado um julgamento falso em Jerusalém que ouviu depoimentos de mais de cem vítimas das experiências médicas de Mengele, e o interesse mundial por seu paradeiro se intensificou quando foram oferecidas recompensas por sua captura. Agindo com base nas informações recebidas das autoridades da Alemanha Ocidental, a polícia invadiu a casa de seu amigo de toda a vida, Hans Sedlmeier, que também era gerente de vendas da empresa da família Mengele em Günzburg. Entre os documentos, eles encontraram uma carta de Wolfram Bossert informando Sedlmeier sobre a morte de Mengele, em 1979. Os Bosserts foram então presos pela polícia brasileira. Eles informaram à polícia sobre a localização do túmulo de Mengele e seu corpo foi exumado para identificação, o que se mostrou positivo.

A história foi publicada pelo jornalista, John Ware, em um artigo publicado na revista *Jewish Chronicle*, em fevereiro de 2020. Ware havia conduzido sua própria caça a Mengele em 1978, enquanto pesquisava uma edição do *World in Action*, da ITV. Desnecessário dizer que ele não localizou o nazista desaparecido. Entretanto, em 1985, enquanto pesquisava material para uma biografia de Mengele, ele entrevistou o único filho do médico, Rolf. Nascido em 1944, Rolf ficou na Alemanha com sua mãe quando seu pai fugiu do país para a Argentina, em 1949. O casal se divorciou em 1954. Rolf só esteve com seu pai duas vezes, uma na Suíça, em 1956 - embora tenha sido dito a ele, na época, que aquele era seu tio Fritz - e novamente em 1977, quando Rolf viajou ao Brasil em segredo para descobrir a verdade sobre as terríveis alegações contra sua própria carne e sangue que haviam arruinado sua vida.

No decorrer da visita de duas semanas, Mengele revelou os segredos de sua vida como fugitivo na América do Sul, seus medos quando Eichmann foi preso e julgado, sua amargura, sua depressão, sua insônia e seus pesadelos. Mas ele não se arrependeu do que havia feito durante a guerra. Ele disse que "não tinha inventado Auschwitz", que suas seleções "na rampa" tinham salvado aqueles ainda capazes de trabalhar, e que ele "tinha que cumprir seu dever, cumprir ordens". Foi a última reunião deles.

Após a descoberta do túmulo de seu pai em 1985, Rolf explicou por que a morte de Mengele havia sido mantida em segredo. Ele também concordou com a publicação de trechos de vários diários que seu pai havia guardado durante a vida. Em 1992, os testes de DNA confirmaram a identidade dos ossos de Mengele e o mistério foi finalmente resolvido. Hoje, o esqueleto é usado durante cursos de medicina forense na Faculdade de Medicina da Universidade de São Paulo, conectando seus ossos à história de vida do homem a quem chamavam de "Anjo da Morte".

A DOUTORA HONORÁRIA

No verão de 2000, uma senhora idosa e inofensiva estava apreciando seu extenso jardim de rosas com vista para a cidade de Jena, na Turíngia, e para o amplo vale do rio Saale. O jardim e a casa burguesa muito confortável que o rodeava foram recompensas por um serviço excepcional como funcionária da República Democrática Alemã. A Dra. Rosemarie Albrecht havia se aposentado muitos anos antes, em 1975, e foi regada com elogios e presentes que refletiam sua posição como reitora muito respeitada da faculdade de medicina da universidade local e uma das principais cientistas da República Democrática Alemã. Suas primeiras pesquisas haviam investigado as qualidades químicas do leite materno, mas seu trabalho mais significativo havia sido sua colaboração com a empresa de ótica ZEISS Jena, desenvolvendo o uso de tecnologias microscópicas no diagnóstico de malignidades cancerosas. Ela havia conquistado o título definitivo de Doutora Honorária do Povo. Agora, com 84 anos, a reputação desta pioneira médica corria o risco de evaporar. Uma luz tinha brilhado inesperadamente sobre eventos que ocorreram em um hospital quase 60 anos antes, em uma Alemanha totalmente diferente.

Em 2000, uma coleção de documentos há muito esquecida foi redescoberta nos arquivos da agora defunta República Democrática Alemã. Os documentos haviam sido criados na Alemanha nazista e, depois, ignorados nos tempos do comunismo. Eles haviam juntado poeira ao longo de cinco décadas, quando os promotores de justiça das duas Alemanhas do pós-guerra tinham pouco apetite para levantar problemas inconvenientes do passado. Mas, com o início do novo século, a era da amnésia coletiva havia terminado e havia um desejo urgente de caçar e punir os últimos agentes do Reich de Hitler, antes que eles inevitavelmente falecessem. Em 2003, os materiais do arquivo foram colocados à disposição das famílias das vítimas e dos historiadores credenciados.

Os documentos sugeriam que mais de 200.000 "pessoas inúteis" tinham sido mortas em programas nazistas de eutanásia dentro das províncias que tinham integrado o setor soviético e, depois, a Alemanha Oriental. Algumas vítimas haviam sido enviadas para as câmaras de gás; muitas haviam sido assassinadas por overdose de drogas ou simplesmente tinham sido deixadas morrer por negligência. Entre os arquivos estavam pastas de papéis e anotações registrando meticulosamente as atividades em um hospital psiquiátrico na pequena cidade de Stadtroda, a 16 km a leste de Jena. Tendo concluído seus estudos, a jovem de 26 anos, Rosemarie Albrecht, começou ali sua carreira médica, primeiro como assistente voluntária e, depois, como médica responsável pela ala feminina. Mais de 900 pacientes foram assassinados no hospital Stadtroda, e o nome da Dra. Albrecht estava ligado à morte de 159 mulheres. Seu nome estava atrelado à morte de uma mulher de 34 anos, diagnosticada como "esquizofrênica com debilidade". A paciente morreu em 20 de abril (aniversário de Hitler), em 1941, como resultado de um coquetel letal de comprimidos para dormir, incluindo Evipan, Luminal, Pernocton e Veronal. Um documento que parecia ter sido escrito ou pelo menos assinado pela Dra. Albrecht, descreveu 11 crianças deficientes como "material desperdiçado". Todas as 11 morreram sob seus "cuidados". Ela foi implicada por outro registro, que se referia a uma criança sendo assassinada por razões de "higiene hereditária". E houve a morte de Helene Fleischer, uma política comunista local que estava no sistema prisional nazista desde 1934. Rotulada como esquizofrênica e sofrendo de tuberculose, Fleischer acabou na ala de Albrecht em Stadtroda, onde foi assassinada em junho de 1941.

Em fevereiro de 2004, Albrecht foi acusada do assassinato da mulher de 34 anos, mas o processo de instauração de um processo judicial viável logo encalhou. Não havia testemunhas vivas dos eventos que levaram à morte da paciente, e a documentação sobrevivente era ambígua. Foi alegado que a paciente em questão havia sido deliberadamente privada de alimentos, mas as notas da enfermaria afirmavam que a paciente havia repetidamente recusado a comida que lhe era oferecida. Albrecht foi acusada de morte por overdose, mas vários especialistas indicaram que as doses que ela administrou estavam dentro dos limites normais indicados nos livros médicos publicados nos anos 1920 e 1930, e dentro do limite de prescrição aconselhada em vários países europeus até os anos 1950. Foi encontrada uma médica de 103 anos que se lembrava de Albrecht como uma jovem colega amiga que se dedicava a sua vocação. Uma petição de 22 médicos locais ofereceu seu apoio, assim como as figuras superiores da Associação Médica Estadual. À medida que a data do julgamento se aproximava, uma imagem mais matizada de Albrecht surgia, cada vez mais em desacordo com a imagem da malvada assassina em massa nos cartazes dos manifestantes antinazistas nas ruas de Jena. A defesa folclórica, mas contundente de Albrecht, de sua inocência, na frente das câmeras, conquistou muitos telespectadores. Seu caso dominou a mídia em toda a Alemanha: os especialistas nos programas de bate-papo discutiam não apenas sua inocência ou culpa, mas argumentavam tanto sobre o valor e o propósito de processar esta indivídua idosa, em vez de responsabilizar toda a cultura médica da época. Alguns argumentaram que o verdadeiro crime de Albrecht era ter sobrevivido às décadas em que o assunto da eutanásia nazista havia sido convenientemente ignorado; ela estava sendo levada a um julgamento simbólico porque praticamente não restava mais nada daquele período sombrio na história da medicina alemã. Algumas semanas antes do seu 90º aniversário, em março de 2005, os médicos de Albrecht julgaram que ela não estava mais apta a ser julgada. Os funcionários do tribunal estavam aliviados; eles já haviam declarado que ela teria sido absolvida quase certamente por falta de provas. Quando a Dra. Rosemarie Albrecht morreu, em 2008, alguns se lembraram de uma excelente médica e pesquisadora que fez uma contribuição significativa para o progresso médico; outros pensaram nela como uma assassina que havia cumprido ordens nazistas de boa vontade ou, pelo menos, sem protestar. Ela era, é claro, ambas as pessoas.

OPERAÇÃO *LAST CHANCE*

Em 2008, Efraim Zuroff, do Centro Simon Wiesenthal, em Los Angeles, lançou a Operação *Last Chance*, com o objetivo de levar os nazistas restantes à justiça. Ele disse: "Durante os últimos 15 anos, pelo menos 103 condenações contra criminosos de guerra nazistas foram obtidas, pelo menos 102 novas acusações foram apresentadas e mais de 3.600 novas investigações foram iniciadas. Apesar da suposição, de certa forma prevalecente, de que é tarde demais para levar os assassinos nazistas à justiça, os números provam claramente o contrário, e estamos tentando assegurar que pelo menos vários desses criminosos sejam levados a julgamento durante os próximos anos. Embora geralmente se suponha que a idade dos suspeitos seja o maior obstáculo à acusação, em muitos casos, é a falta de vontade política, mais do que qualquer outra coisa, que tem dificultado os esforços para levar os perpetradores do Holocausto à justiça".

Um dos casos mais famosos da operação foi o uso de "cumplicidade" para acusações de assassinato contra o guarda do campo de morte Sobibor, Ivan Demjanjuk, em 2011. Ucraniano de nascimento, Demjanjuk, ex-operário agrícola, estava servindo no Exército Vermelho quando foi capturado pela Wehrmacht, em 1942, após a Batalha de Kerch, na península da Crimeia. Ele tomou a opção de servir como guarda auxiliar voluntário do campo de morte da SS em vez de permanecer como "convidado" soviético no campo de prisioneiros de guerra de Chelm, na Polônia. Ele foi treinado para suas funções em Trawniki, entre julho e setembro de 1942, antes de servir em vários campos.

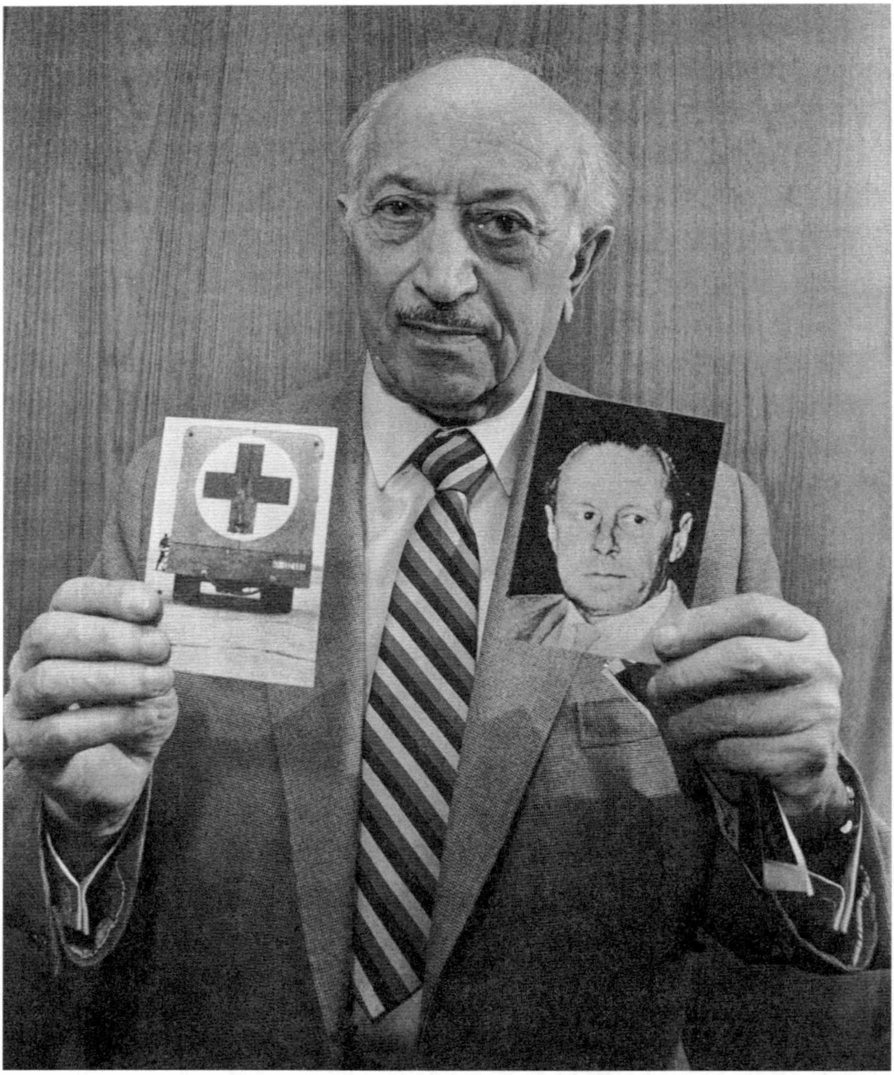

Talvez o caçador de nazistas mais famoso de todos, Simon Wiesenthal, exibe fotografias retratando o ex-chefe da Gestapo Walter Rauff, então vivendo abertamente em Santiago, Chile, e uma ambulância usada para executar judeus. Wiesenthal pedia ao presidente Ronald Reagan que usasse sua influência para ajudar a extraditar os criminosos de guerra nazistas que viviam na América do Sul.

Finalmente libertado do cativeiro na Alemanha após a guerra, ele e sua família emigraram para os Estados Unidos, estabelecendo-se em um subúrbio de Cleveland, Ohio, e trabalhando na fábrica local da Ford Motors. Ele recebeu a cidadania americana sob o nome de John Demjanjuk, em 1958. Em 1977, artigos de imprensa - usando provas baseadas em uma carteira de identidade encontrada na Ucrânia - indicavam que ele era, de fato, Ivan, o Terrível, um guarda sádico que dirigia as câmaras de gás no campo de morte de Treblinka, na Polônia ocupada pelos nazistas, onde cerca de 800.000 prisioneiros foram assassinados. Em 1983, as autoridades americanas o privaram de sua cidadania e o extraditaram para Israel, por causa das informações falsas que ele havia dado ao chegar aos Estados Unidos, em 1952. Ele deveria enfrentar o julgamento por crimes de guerra e crimes contra a humanidade.

Durante o julgamento, novamente realizado em Jerusalém, Demjanjuk alegou ter sido prisioneiro de guerra em Chelm durante todo o período de 1942 a 1944 e, portanto, não poderia ter estado em Treblinka. Entretanto, sua história foi contrariada por cinco sobreviventes do campo da morte polonês que prontamente o identificaram como Ivan, o Terrível. Uma testemunha, Eliahu Rosenberg, aproximou-se do prisioneiro e pediu-lhe que retirasse seus óculos. Voltando ao banco das testemunhas, ele declarou: "Este é Ivan. Eu o digo sem hesitar e sem a menor dúvida. Ivan de Treblinka. O homem para quem estou olhando agora. Eu vi aqueles olhos, aqueles olhos assassinos". Com base nestas evidências, os juízes não tiveram outra escolha senão concordar que ele era Ivan, o Terrível, e o consideraram culpado de todas as acusações. Ele foi sentenciado à morte por enforcamento e colocado em solitária enquanto o cadafalso era construído.

Após um longo processo de apelação, Demjanjuk foi absolvido após declarações escritas de 37 ex-agentes de Treblinka dizendo que Ivan, o

Terrível, era outro ucraniano, Ivan Marchenko. Em 1998, tendo passado sete anos em uma prisão israelense, Demjanjuk voltou aos EUA e teve sua cidadania restaurada após alegações de que as autoridades americanas haviam escondido provas de sua verdadeira identidade do tribunal israelense. No entanto, em 2001 foram apresentadas mais acusações contra ele, desta vez por cumplicidade na morte de quase 30.000 judeus em Sobibor e Majdanek, e de ser membro de um batalhão da SS em Flossenbürg. Negado um recurso, ele foi deportado para a Alemanha em 2009 para enfrentar outro julgamento.

Até então, apesar de ter 89 anos e sofrer de uma série de problemas de saúde, ele foi considerado apto a participar do julgamento em Munique. A maioria das provas apresentadas ofereciam descrições detalhadas dos horrores ocorridos no campo, mas ninguém foi capaz de identificá-lo como um guarda de lá. Dois anos mais tarde, Demjanjuk foi condenado como cúmplice do assassinato de 27.900 judeus em Sobibor. Ele recebeu uma sentença de cinco anos, com dois anos já cumpridos. Libertado da custódia até um recurso, ele morreu em um lar de idosos em 2012.

Apesar do veredicto de culpado, porque ele morreu com seu caso pendente de apelação, ele foi "presumido inocente" pela lei alemã. No entanto, sua condenação - somente com base no fato de ter sido guarda em um campo de morte - estabeleceu um novo precedente legal. Antes disso, a acusação tinha que ser baseada em um ato ou atos específicos de assassinato, o que resultou em baixos índices de acusação para guardas de campo e outros envolvidos na natureza industrial dos assassinatos de guerra nazistas. Seguindo este veredicto, uma série de novos casos foram apresentados contra antigos guardas dos campos de morte, como Oskar Gröning, assim como aqueles que trabalhavam em campos de concentração, incluindo Johann Rehbogen, Reinhold Hanning e Bruno Dey.

A "MONSTRA GRÁVIDA"

Erna Pfannstiel nasceu em 1922, no leste da Alemanha, e foi criada por seu pai, funcionário dos correios. Ela entrou para o Partido Nazista aos 19 anos e foi treinada para ser uma guarda do campo de concentração. Ela serviu pela primeira vez em Ravensbrück, antes de ser transferida para Majdanek, perto de Lublin, na Polônia, em 1942. Havia provas significativas de que Erna era uma guarda sádica que se ofereceu e desfrutou de tarefas de seleção "na rampa". Dizia-se que ela batia, instigava e ridicularizava as vítimas, e foi relatado que ria das vítimas no caminho para as câmaras de gás. Ela também foi acusada por várias testemunhas de ter espancado um jovem judeu até a morte.

Durante seu tempo em Majdanek, ela conheceu e se casou com um colega de guarda, Georg Wallisch. Logo ela estaria grávida e, mais tarde, ficou conhecida por alguns detentos como a "monstra grávida", por causa de seu comportamento brutal. No final de 1944, George foi preso por furtar artigos do Reich, ou seja, relógios de ouro tirados dos judeus que chegavam ao campo. Ele foi condenado a três anos de prisão e foi preso pelos russos quando eles libertaram o campo no ano seguinte.

Quando a guerra terminou, Erna Wallisch e sua filha mudaram-se para Viena, vivendo em um pequeno apartamento no distrito de Kaisermühlen, com vista para o Danúbio. Ela viveu livremente e sem culpa, com seu nome na campainha da porta do apartamento. Os vizinhos a descreveram como amigável, prestativa e agradável, muitos compartilhando as atitudes comuns da Áustria do pós-guerra de que a guerra era "passado, as pessoas deveriam aprender a perdoar".

Fácil de ser rastreada por pesquisadores, jornalistas e promotores, ela permaneceu de interesse recorrente para as autoridades austríacas. Ela foi investigada em Graz, em 1965, mas as acusações foram retiradas devido à insuficiência de provas. A pressão aumentou novamente no início dos anos 70, mas as investigações descreveram sua cumplicidade nos assassinatos em Majdanek como meramente *entfernte Schuld* - “culpa distante”. As autoridades decidiram que ela era “uma possível participante em atividades sádicas, mas não uma perpetradora”. As acusações foram finalmente retiradas, pois os estatutos austríacos de limitação haviam expirado.

Em 2007, após a pressão contínua de Efraim Zuroff, no Centro Simon Wiesenthal, que havia identificado cinco testemunhas polonesas de Majdanek que estavam preparadas para oferecer provas contra ela, as autoridades austríacas começaram a preparar um caso. Entretanto, Wallisch, de 86 anos, morreu em um leito de hospital em fevereiro de 2008 e o caso foi encerrado.

Apesar das notícias dos jornais austríacos de que as autoridades haviam agido como se não tivessem “nenhum desejo de despertar os demônios do passado”, e acusando-as de um atraso na esperança de que sua saúde precária e sua morte os absolvessem da necessidade de agir, Erma Wallisch nunca foi chamada a prestar contas de suas ações.

GENOCÍDIO - UMA TRADIÇÃO FAMILIAR

Em fevereiro de 1999, Nada Šakić, 72 anos, foi libertada da prisão na Croácia e exonerada por crimes de crueldade e assassinato em massa cometidos enquanto era comandante de Stara Gradiška, um subcampo do complexo do campo de morte de Jasenovac, durante a Segunda Guerra Mundial. Ela havia sido extraditada da Argentina no ano anterior. Interrogada por funcionários croatas em Zagreb, ela foi libertada devido à “falta de provas suficientes” que, segundo o juiz, haviam sido “fracas” e “pouco lembradas” pelas testemunhas idosas.

O genocídio era uma profissão familiar para Nada Luburić, que nasceu em 1926. Ligada a famílias-chave da Ustaše, ela era meia-irmã de um importante general, Maks Luburić, o primeiro comandante em

Jasenovac, e esposa de Dinko Šakić, que sucedeu Luburić no notório campo. Ela também "trabalhou" lá, nominalmente como guarda, embora tenha sido acusada de participar de torturas e assassinatos em massa durante seu tempo de permanência no acampamento.

Stara Gradiška foi especialmente construído pela Ustaše como um campo de extermínio para mulheres e crianças de etnia sérvia, judia, cigana, croata e bósnia. Os presos eram sistematicamente assassinados por vários meios: tortura, esmagamento de crânios com martelos pesados, tiros, esfaqueamento, estrangulamento com corda de piano, faca sérvia que cortava as gargantas, fome e morte por gás em furgões com Zyklon B. Estima-se que pelo menos 6.000 vítimas tenham sido mortas quando Nada e Dinko eram conhecidos por estarem ativos lá. Em um campo conhecido pela crueldade bárbara do pessoal, os sobreviventes concordaram que o pior carrasco era Nada Luburić.

Nada e Dinko Šakić se casaram em 1943. Após a guerra, eles fugiram da Croácia, via Espanha, para a Argentina. Chegando em 1947, eles foram recebidos por Juan Perón. Nada mudou seu nome para Esperanza, e o casal se estabeleceu em um pequeno vilarejo chamado Santa Teresita, na costa, perto de Buenos Aires. Eles fundaram várias empresas têxteis e de exportação de moda, desfrutando da vida por quase 50 anos, sem a necessidade de esconder suas identidades, como parte de uma grande comunidade croata.

Em 1997, agentes do Centro Simon Wiesenthal localizaram a dupla, e os executivos da TV Argentina pediram uma entrevista a Dinko, ostensivamente para discutir a Croácia como adversária da Argentina na próxima Copa do Mundo, com a qual ele concordou. A entrevista, transmitida em março de 1998, foi um desastre para Dinko, quando ele confirmou seu papel como comandante no que ficou conhecido como o campo de morte mais notório da Segunda

Guerra Mundial. Apesar de sua afirmação de que, durante seu tempo, ninguém foi torturado ou morto em Jasenovac, "todos eles simplesmente morreram de doença", os danos estavam feitos. Uma agitação se seguiu à entrevista e o presidente argentino Carlos Menem pediu sua prisão, que se seguiu em 1º de maio. Ele foi extraditado para a Croácia para seu julgamento sob acusação de genocídio, apesar da Sérvia ter solicitado sua detenção em Belgrado. A extradição de Nada aconteceu em novembro de 1998, um mês antes do início do julgamento. Existe um vídeo da chegada em Zagreb de uma senhora idosa, frágil, aparentemente sofrendo de Parkinson avançado, que fez a longa jornada "para explicar e esclarecer seu papel na história da Croácia em tempos de guerra", de acordo com seu advogado.

No caso, Dinko Šakić foi acusado de crimes contra civis e acusado de realizar pessoalmente execuções durante seu tempo em Jasenovac, em 1944. Ele não se arrependeu. Embora tenha sido considerado culpado e condenado a 20 anos de prisão, a sentença foi vista por muitos como "de fachada" quando vazou a notícia de que ele tinha uma cela confortável, completa, com TV, um computador providenciado para que ele escrevesse suas memórias e visitas regulares de sua esposa. Dinko passou a última década de sua vida perseguido por doenças cardíacas e longos períodos no hospital. Ele faleceu em julho de 2008 e foi cremado em seu uniforme completo da Usta. A Sérvia emitiu um mandado de prisão para sua esposa Nada, em julho de 2011, mas a mídia croata informou que ela havia falecido em fevereiro daquele ano, aos 85 anos de idade.

A forma como Dinko e Nada foram tratados após a extradição, com sentenças brandas e lenientes, referências semi-heroicas na mídia croata e uma vontade popular de esquecer e desculpar suas atrocidades em tempos de guerra, é tomada como prova das lealdades tribais e rivalidades duradouras que existem nos Bálcãs até os dias de hoje.

SEU VIZINHO É UM NAZISTA

Durante os anos 2000, as ruas do Queens, um bairro da cidade de Nova York, ressoavam com frequência ao som de protestos do lado de fora de uma casa normal de dois andares, de tijolos vermelhos, enquanto membros indignados da comunidade judaica local cantavam: "seu vizinho é um nazista". O alvo de sua ira era Jakiw Palij, que vivia em uma aposentadoria tranquila com sua esposa em Jackson Heights.

Nascido na Polônia, em uma área que hoje faz parte da Ucrânia, ele chegou pela primeira vez a Boston em 1949, por meio de uma das *ratlines* estabelecidas. Armado com documentos falsos, ele disse aos oficiais de imigração dos EUA que havia sido dispensado do serviço militar na guerra por causa de seu trabalho essencial na fazenda de sua família e, depois, nas fábricas quando suas terras haviam sido engolidas pelos soviéticos. Ele foi autorizado a entrar no país como PD e recebeu a cidadania americana em 1957. Ele estudou e trabalhou como desenhista, casou-se em 1960 e se aposentou em sua casa no Queens em 1966. Os vizinhos lembraram dele como um homem muito reservado, educado e tranquilo.

Sua paz foi abalada em 1993, quando os investigadores tocaram sua campainha, tendo sido alertados sobre seu passado por um antigo colega que havia trabalhado com ele no campo de trabalho de Trawniki, na Polônia ocupada pela Alemanha. Ele foi entrevistado pelas autoridades de investigação dos EUA e admitiu que tinha sido um guarda de segurança no campo, e tinha mentido sobre isso aos funcionários da imigração quando chegou aos EUA. "Eu menti, todos mentiram, eu nunca teria conseguido um visto se eu tivesse dito a verdade", disse ele. Ele negou qualquer envolvimento em crimes de guerra, dizendo que trabalhava no campo "somente porque minha família foi ameaçada pela SS". As investigações revelaram muito pouco sobre seu serviço real nas unidades alemãs, além de seu treinamento em Trawniki e algumas provas de que era guarda de prisioneiros judeus ali. Ele foi brevemente promovido ao posto de *Oberwachmann*, e provavelmente esteve envolvido na organização de unidades civis na Polônia e na Prússia, na escavação de valas e na construção de muros e armadilhas de tanques para a Wehrmacht em 1944-45.

Em 2001, o Departamento de Justiça dos EUA tentou novamente, revelando que Palij tinha desempenhado as funções habituais de guarda perimetral, mas também que ele tinha sido membro do batalhão Streibel SS, uma unidade que cometeu crimes desumanos e atrocidades contra cidadãos poloneses e outros, e que ele também estava envolvido na queima dos restos mortais das vítimas do campo e da Wehrmacht mortos na Frente Leste. O Departamento também alegou que ele estava envolvido no massacre de 6.000 prisioneiros no campo, em novembro de 1943, parte da Operação *Reinhard*, o plano do Terceiro Reich para assassinar judeus na Polônia. Palij negou as acusações.

Em 2003, sua cidadania norte-americana foi revogada por "participação em atos contra cidadãos judeus", e as autoridades tentaram organizar sua deportação. Entretanto, como ele era oficialmente apátrida, Polônia, Ucrânia e Alemanha se recusaram a levá-lo. Sua presença contínua nos EUA motivou as manifestações locais organizadas por grupos anti-Holocausto e escolas judaicas locais. Sob pressão e sob a atenção constante da imprensa e da mídia, o Senado e a Câmara persuadiram o Departamento de Estado a abrir mais uma vez negociações EUA-Alemanha sobre uma possível deportação. Apesar de seus supostos crimes terem ocorrido fora da Alemanha e de os promotores não terem provas que justificassem o julgamento, a Alemanha concordou em levá-lo como parte de um esforço de colaboração entre os EUA e um importante aliado europeu.

Em agosto de 2018, o antigo guarda do campo de concentração, com 95 anos, chegou em Düsseldorf e foi levado para uma casa de cuidados em Ahlen, perto de Munster. Embora planos fossem feitos para julgá-lo usando a decisão Demjanjuk de cúmplice de assassinato, ele morreu em janeiro de 2019, antes que o julgamento pudesse ser realizado.

O ÚLTIMO NAZISTA?

Em 17 de outubro de 2019, o que provavelmente foi um dos últimos julgamentos nazistas, começou em Hamburgo. Bruno Dey, membro do batalhão chefe da SS e guarda da torre no campo de concentração em Stutthof, perto da moderna Gdańsk, na Polônia, entre agosto de 1944 e abril de 1945, foi acusado de ser cúmplice de 5.230 mortes. Stutthof abrigou principalmente judeus dos estados bálticos, bem como alguns prisioneiros excessivos de Auschwitz, 5.000 dos quais morreram de fome, tifo e falta de cuidados médicos, tendo sido forçados a viver em condições não higiênicas que encorajavam doenças, enquanto 200 tinham sido gaseados com Zyklon B, e 30 baleados.

Os promotores haviam encontrado o nome de Dey em uma lista de guardas sobreviventes em Stutthof, descoberta no museu do acampamento, que também deu detalhes de suas horas de trabalho. Sua tarefa era principalmente evitar a fuga de qualquer detento. Como Dey era tecnicamente menor de idade, com 17 anos na época em que serviu no acampamento, ele foi julgado sob as condições de um tribunal para delinquentes juvenis. Dey tinha 93 anos de idade quando o julgamento começou.

Os promotores não ofereceram nenhuma prova direta de que Dey tinha matado ou mesmo maltratado alguém, mas seguiram o argumento pós-Demjanjuk de que ele tinha sido uma engrenagem na máquina de matar e que, pelo desempenho voluntário de suas funções, especialmente impedindo os prisioneiros de escapar, ele tinha contribuído para muitas mortes. Eles também alegaram que ele teve a oportunidade de sair do sistema do campo retornando à Wehrmacht e se apresentando para as tarefas de combate, um curso seguido por milhares de outros guardas do campo - a SS não queria os fracos de coração e os não comprometidos nos campos. Mas Dey alegou que não estava apto para o combate devido a um problema no coração, por isso foi colocado no acampamento como guarda contra sua vontade. Ele também disse que temia ser punido pela SS por pedir para ser transferido.

Vinte testemunhas apareceram, todas sobreviventes do Holocausto, mas não todas de Stutthof, e nenhuma delas pôde identificar Dey com certeza. Elas descreveram eventos gerais em vários campos e sua própria experiência pessoal. Como a maioria dos julgamentos pós-Demjanjuk, o processo foi um ato simbólico, histórico e não um julgamento sobre delitos específicos, um fato deixado claro pela testemunha final que observou que não era tanto o indivíduo Dey que estava em julgamento, mas todo o programa nazista do Holocausto.

Em sua defesa, Dey alegou ser inocente das acusações porque não estava diretamente envolvido nos assassinatos e era dirigido principalmente à guarda geral, da linha perimetral e deveres de torre de vigia. Ele também alegou que não sabia a extensão das atrocidades em Stutthof, e não disparou um tiro durante seu tempo lá. Ele enfatizou que trabalhou no perímetro do campo, bem longe dos assassinatos. Dey admitiu que ouviu gritos e outros sons de pessoas aterrorizadas, e assumiu que as pessoas estavam sendo punidas de alguma forma, possivelmente mortas, mas disse que não viu isso. Ele também alegou que não sabia que os prisioneiros eram judeus; ele assumiu que alguns deles eram, mas que outros eram simplesmente inimigos do Estado. Quando os promotores produziram fotografias que mostravam torres de vigia próximas às câmaras de gás, Dey admitiu ter ouvido os gritos das vítimas e visto corpos sendo levados para longe do campo, e que ele havia sido assombrado por essas imagens ao longo de sua vida.

No final do julgamento, Dey insistiu que foi forçado a servir no acampamento mas, depois, emitiu um pedido de desculpas, dizendo: "O depoimento das testemunhas e as avaliações dos especialistas me fizeram perceber todo o alcance dos horrores e do sofrimento... Hoje eu gostaria de pedir desculpas àqueles que passaram por esta loucura infernal, e seus parentes - algo assim nunca pode ser repetido". Como parte de seu argumento final, o advogado de Dey, que havia defendido a absolvição de seu cliente por causa de sua falta de importância no sistema do acampamento, disse: "Como poderia um jovem de 18 anos sair da fileira em um lugar como Stutthof?

Em 23 de julho de 2020, Dey foi considerado culpado das acusações e recebeu uma sentença suspensa por dois anos. Dirigindo-se a Dey durante o veredicto, a juíza Anne Meier-Göring disse: "O campo de concentração de Stutthof e o assassinato em massa que ocorreu dentro dele só foram possíveis com sua ajuda".

É muito provável que o processo Dey seja o último julgamento nazista. Em agosto de 2020, as autoridades alemãs tinham 13 casos pendentes que envolviam um participante sobrevivente do Holocausto. Todos estão no final dos anos 90 ou mais, e deve ser demonstrado que eles têm força física e mental para "negociar" um processo judicial - no caso de Dey, as sessões do tribunal foram estritamente limitadas a duas horas por dia, pois isso foi considerado o máximo que ele poderia enfrentar. A maioria dos possíveis réus restantes são mais velhos do que Dey.

Em 2020, os três principais criminosos de guerra nazistas restantes eram todos membros do *Einsatzgruppen C*, um esquadrão móvel de assassinatos cuja missão era exterminar judeus em territórios capturados. Kurt Gosdek (98), Herbert Walther (99) e Wilhelm Karl Friedrich Hoffmeister (97) eram todos membros de uma unidade responsável pelos assassinatos em massa em Babi Yar, na Ucrânia, em setembro de

1941. Os três foram rastreados e denunciados às autoridades alemãs - todos eles, diz-se, vivem na Alemanha - por Efraim Zuroff, diretor do Centro Simon Wiesenthal, em Jerusalém. Não há notícias das investigações, mas o tempo está se esgotando...

POSFÁCIO

A HISTÓRIA LEMBRA que as armas caíram em silêncio às 23:01 do dia 8 de maio de 1945, um silêncio ainda mais aprofundado pelo aparente e repentino desaparecimento de nazistas de todos os níveis do Partido. É claro que muitos já haviam deixado o país. Com a gradual compreensão de que a Alemanha perderia a guerra, nazistas de alto nível, sabendo que sua cumplicidade com o regime assassino de Hitler resultaria na mais dura justiça, começaram a planejar suas rotas de fuga. Esse planejamento se transformou em ação durante os últimos meses da guerra. Outros, descendo a cadeia de comando, tiraram apressadamente os retratos de Hitler de suas lareiras, queimaram seus uniformes da Juventude Hitleriana ou seus livros de racionamento SA, e se prepararam para voltar às suas vidas normais.

No rescaldo imediato do conflito, a opinião internacional sustentou que a Alemanha era culpada e que a justiça tinha que ser vista como sendo feita. Com as profundas raízes do nazismo - 8,5 milhões de membros do Partido e 18 milhões de soldados, quase todos envolvidos por consentimento ou coerção - os Aliados enfrentaram uma difícil pergunta: "Como punir toda uma sociedade por seus crimes?" Nos primeiros meses da ocupação Aliada, várias centenas de milhares de ex-nazistas foram "automaticamente presos" e internados de acordo com o Manual de Categorias de Prisão que havia sido emitido em abril de 1945. As forças Aliadas também tinham chegado à Alemanha armadas com "*Listas Negras*" dos nazistas de particular interesse. As prisões destes últimos, normalmente nazistas de alto escalão, provaram ser populares entre a maioria da população, mas os funcionários de escalão inferior eram um assunto diferente, muitas vezes deixando os civis inseguros sobre os argumentos dos Aliados.

Em novembro de 1945, foi realizado o primeiro dos Julgamentos de Nuremberg, no qual os 24 nazistas de mais alto escalão em cativeiro foram julgados pelos Aliados por crimes de guerra. Embora todos eles tenham se declarado *nicht schuldig* (inocentes), 12 dos acusados foram condenados à morte por enforcamento - foi um começo, mesmo que apenas simbólico. Entre 1946 e 1949, houve dezenas de outros julgamentos nos quais se estima que cerca de 50.000 pessoas tenham sido condenadas.

Enquanto isso, nos bastidores, as *ratlines* e os mestres dos ratos trabalhavam a todo vapor, fornecendo dinheiro, documentos de viagem e passagens para a liberdade. Na fuga dos nazistas não faltou ajuda da Cruz Vermelha Internacional, da Igreja Católica, de países interessados em receber o dinheiro e a experiência que traziam consigo, daqueles preocupados com a ameaça do comunismo ou daqueles que simplesmente guardavam rancor contra os Aliados. Centenas de milhares - muitos deles culpados de crimes hediondos - espalharam-se sobre a fronteira para a Itália e, em seguida, para a Europa, América do Sul e outros lugares, em busca de novas vidas. Embora sejam incertos, os números foram surpreendentes: cerca de 10.000 teriam escapado para a América do Sul, particularmente para a Argentina, com dezenas de milhares de outros se estabelecendo na Europa, Ásia, Norte da África e no Oriente Médio.

Ainda mais extraordinário foi que os Aliados estavam explorando as *ratlines* para seus próprios fins, extraindo nazistas cujo conhecimento era de particular interesse para eles. Tornou-se uma corrida quanto a quem tinha os melhores cérebros em oferta. Como o tempo era essencial, foram organizadas operações secretas para "recrutar" os melhores cientistas, técnicos, projetistas militares e químicos. Desta forma, milhares de nazistas, bons e maus, conseguiram fugir. O dilema moral de recrutar criminosos de guerra foi posto de lado, pois os governos Aliados decidiram "o fim justificava os meios" - embora eles ainda mantivessem suas operações em segredo. Afirma-se que, na era pós-guerra, havia até 10.000 nazistas vivendo nos EUA.

Com o passar do tempo, o pragmatismo prevaleceu. Além de embarcarem numa desnazificação sistemática da Alemanha, os Aliados estavam conscientes da necessidade de reiniciar a sociedade alemã, de modo que, mesmo que tivessem sido membros do Partido Nazista, os cidadãos comuns podiam retornar aos seus empregos como advogados, professores, médicos e afins, oferecendo um caminho de volta à estabilidade e à prosperidade. Em 1949, a preocupação internacional com a Guerra Fria havia substituído o interesse em conseguir justiça para os crimes da Segunda Guerra Mundial - o mundo simplesmente queria seguir em frente.

Na Alemanha dos anos 50, houve uma enorme redução na perseguição de crimes de guerra e dos muitos que já estavam presos; o historiador Norbert Frei estimou que até 800.000 pessoas se beneficiaram das leis de anistia, sendo libertadas das prisões e reabilitadas, retornando aos seus confortáveis postos no judiciário, na polícia e na administração do Estado - em muitos casos, porque os próprios presidentes eram antigos nazistas. Mas, também foi feito muito bom trabalho. Quando o tempo começou a curar as feridas da culpa, a sociedade alemã adotou um processo de *Vergangenheitsbewältigung* (superando o passado), que obrigou seus cidadãos a enfrentar não apenas o mal de Hitler, mas também a responsabilidade coletiva que todos eles carregavam pelas atrocidades cometidas durante a Segunda Guerra Mundial.

Desde os anos 60, o mundo continua fascinado pela era nazista, estimulado por eventos como o julgamento de Eichmann, em 1961, a história de Mengele, nos anos 80, a descoberta em 1994 no Palazzo Cesi de Roma de arquivos documentando as atrocidades na Itália e nos Bálcãs, e a abertura e lacração imediata, em março de 2020 - por causa da COVID-19! - dos arquivos secretos da Segunda Guerra Mundial do Vaticano sobre o Papa Pio XII, cuja cumplicidade com os nazistas ainda é controversa. Como consequência, as questões fundamentais sobre se foi feita justiça, e "se não, por que não?", permanecem hoje sem resposta tanto quanto desde 1945.

Em termos práticos, punir todos os crimes de guerra nunca foi uma opção. Dado que o Escritório Central de Investigação de Crimes Nacional-Socialistas abriga um arquivo sempre em expansão de 1,7 milhões de fichas amarelas e verdes registrando os nomes de massacres, batalhas, campos de concentração, vítimas, testemunhas e perpetradores de crimes cometidos durante a Segunda Guerra Mundial, os números nunca poderiam se somar.

Embora os números na liderança nazista tenham sido, em grande parte, punidos, quer cometendo suicídio, quer pelos tribunais, como a historiadora Mary Fulbrook estima, "a grande maioria dos perpetradores escapou impune", muitos deles nazistas de nível médio, que trabalhavam no sistema de campos de concentração. Em termos morais, a culpa por isso deve ser compartilhada com as autoridades Aliadas, que estavam preparadas para olhar para o outro lado quando se tratasse de usar as habilidades e o engenho nazistas para a luta contra o comunismo na Guerra Fria.

BIBLIOGRAFIA E OUTRAS FONTES

Bessel, Richard, *Germany 1945: From War to Peace* (Simon & Schuster, 2009).

Evans, Harold, *Front Page History: Events of Our Century that Shook the World* (Quiller Press, 1984).

Evans, Richard J., *The Coming of the Third Reich* (Penguin/Allen Lane, 2004).

Feig, Konnilyn, *Hitler's Death Camps: The Sanity of Madness* (Holmes & Meier, 1981).

Fulbrook, Mary, *Reckonings: Legacies of Nazi Persecution and the Quest for Justice* (OUP, 2018).

Hitler, Adolf, *Mein Kampf* (Vintage 1992, publicado pela primeira vez em dois volumes, em 1925-26, por Franz Eher Nachfolger).

Hodgson, Godfrey, *The People's Century: From the Dawn of the Century to the Start of the Cold War* (BBC Books, 1995).

Huber, Florian, *Promise Me You'll Shoot Yourself: The Downfall of Ordinary Germans in 1945* (Allen Lane, 2019).

Kershaw, Ian, *Hitler: 1889–1936 Hubris* (Penguin, 1998).

Kershaw, Ian, *The End: Germany 1944–45* (Penguin, 2011).

Nyiszli, Miklos, *I Was Doctor Mengele's Assistant: The Memoirs of an Auschwitz Physician* (Frap Books, 2010).

Rees, Laurence, *Auschwitz: A New History* (BBC Books, 2005).
Russell, Lord de Liverpool, *The Scourge of the Swastika: A Short History of Nazi War Crimes* (Cassell, 1954).
Shirer, William L, *The Rise and Fall of the Third Reich* (Penguin/ Random House 1998, publicado pela primeira vez por Secker & Warberg 1960).
Stone, Dan, *The Liberation of the Camps: The End of the Holocaust and Its Aftermath* (Yale University Press, 2015).

Há também um grande número de websites dedicados à Segunda Guerra Mundial. Eles variam em qualidade, mas os leitores serão recompensados por sua diligência e compromisso em encontrar aqueles que apresentam uma escrita da mais alta qualidade. Abaixo estão algumas recomendações:

www.cia.gov; www.eyewitnesstohistory.com;
www.famoustrials.com (Nuremberg);
www.history.com; www.historyextra.com; www.historytoday;
The Holocaust Encyclopedia (www.encyclopedia.ushmm.org);
www.theholocaustexplained.org;
Institute for Policy Studies (www.ips-dc.org);
www.iwm.org.uk; www.jewishvirtuallibrary.org;
www.nasa.gov; www.reuters.com; www.tandfonline.com;
warfarehistory.com; en-wikipedia.org; www.yadvashem.org

Também foram úteis os arquivos de jornais e revistas, inclusive: *The Daily Mail*, *The Guardian*, *The Independent*, *The New York Times*, *Smithsonian Magazine*, *TIME magazine* e *The Times of Israel*.

ÍNDICE REMISSIVO

S

T

V

W

Y

Z